すべて潜在意識のせいでした

SUB CON SCI OUS

思考の学校 校長
宮増侑嬉

フォレスト出版

はじめに

思考は現実化する――。

きっと多くの方が聞いたことがある表現だと思います。

その言葉のとおりなら、「お金持ちになりたい」「仕事で成功したい」「素敵な結婚がしたい」「健康であり続けたい」「大きな家に住みたい」などと思い続けていれば、その思いは現実になるのでしょうか？

「やっぱり、そんなかんたんにはいかないよね」と思う人がほとんどでしょう。

じつは思考を現実にするためには、夢や目標、手に入れたいものをただ思い続ける前に、「思考の見直し」をする必要があります。

私たちの意識には、「顕在意識」と「潜在意識」があるとされています。そして、無意識に思っている潜在意識のほうが顕在意識よりも圧倒的に大きいということをご存じの方も多いと思います。

その割合はなんと、顕在意識：潜在意識＝1％：99％です。

つまり、私たちの思考のほとんどは無意識の潜在意識に占められていることになります。

だからこそ、思考を現実化するときには、まず99％もの潜在意識を見つめ直す必要があるというわけです。

潜在意識の中には、ポジティブな思考ばかりがあるわけではありません。怒りや嫉妬《しっと》、憎しみ、悲しみなど、ネガティブな思考もたくさんストックされています。

こういったネガティブな思考に私たちは目を向けたくありませんし、わざわざ〝無意識〟のネガティブな思考にまで焦点を当てる必要もないように感じます。

けれど、99％もの潜在意識の中にあるネガティブな思考もしっかり見つめ直して受け止めてあげなければ、思考の現実化はなかなか実現できません。

私たちは長い間、無意識の思考を溜《た》め込んできています。その思考を見つめ直せば、自分が思うような世界を創り出すことができるようになります。

「じゃあ、無意識の潜在意識を見つめ直すってどうすればいいの？」

今の段階ではこんなふうに思ってしまいますよね。もちろん、その思考の見直し方についてこれから詳しくお伝えしていきます。

本書を読み進める途中では、「私ってそんなことを考えているの？」とちょっと驚くようなこともあるでしょう。これは、今まで無意識に信じていたものを取り換える作業をするからです。

けれど、読み終えたときには、きっと自分の潜在意識と仲良くなる方法が身についているはずです。思考の見直しを毎日の生活に取り入れて、自分自身で新しい人生を創り、しあわせに導いていきましょう。

すべて潜在意識のせいでした

CONTENTS

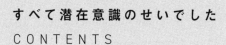

第2章 しあわせの邪魔をする罪悪感の正体

第3章

自分を癒し、自分を知る

第4章

思考の豊かさに気づいて世界を再構築する

第5章 【Q&A】潜在意識を見つめ直すヒント

装丁·本文デザイン …… bookwall
図版デザイン ………… 二神さやか
編集協力 ……………… 財部寛子
校正 ……………………… 大江多加代
DTP ……………………… 株式会社キャップス

第1章

潜在意識に
ストックされる
思考の仕組み

SUBCONSCIOUS

思考を現実にするために知っておきたい基礎知識

目の前にいる人はみんな私のひとかけら

大勢の人の前でスピーチしなければならないとき、初対面の人と会話しなければならないとき、新しい職場に出勤するとき——。こんなとき、ほとんどの人が緊張すると思います。

けれど、私はそんな場面でも緊張することはありません。なぜなら、目の前にいるどんな人も私の分身、私のひとかけらだと思っているからです。みんな自分自身であれば、緊張する必要なんてないですよね。

たとえば、資格を取得するための試験会場を想像してみてください。きっとまわりの多くの人が緊張してソワソワしているでしょう。けれど、試験会場にいる全員が自分の分身だとしたらどうでしょうか？「みんな自分。みんな合格しますように」と思えます。

全員が勝つわけにはいかない試合の場面でも同じです。テニスの試合なら、相手が勝つか、自分が勝つかのどちらかです。重要な試合であればあるほど、お互いにかなり緊張することでしょう。しかし理論上はおかしくても、相手も自分なら、やっぱり「お互いが十分な力を発揮できますように」と思えます。

電車で目の前に座っている機嫌が悪そうなおじさんも、スーパーで夕飯の献立を考えているおばあさんも、おもちゃ売り場で泣き叫んでいる女の子も、みんな自分の分身です。

まずは、**まわりにいるすべての人が自分の分身であり、そんな自分の分身にうまくいってほしい、幸せになってほしい、という気持ちで世の中全体を見ていく**思考の習慣をつけてほしいと思います。

ネガティブなことも すべて自分が創り出している

まわりの人だけではありません。身のまわりで起こる出来事も、自分の思考が創り出しています。

たとえば、小さな地震でも怖がる人がいますが、揺れに全然気づかないという人もいます。この違いもその人自身の思考が関係しています。

地震は地面が揺れることです。ということは、自分の土台も揺れていると考えられます。自分自身に「動け、動け」と言いたいとき、あるいは自分が「変わりたい」と思っているとき、そんなときに地震は起こります。

逆に、「え、地震なんてあった?」と言う人は、今のままで良いと思っている人ということです。

こんなふうに、すごく困った出来事が起きたときも、目の前にすごく嫌な人が現れたときも、全部自分の思考が創り出している、自分の潜在意識の中から生まれていると考えてみてください。

そう言うと、「嫌な出来事を自分が創ったなんて思えない」「私が悪いから、嫌なことが起きたの？」「私のせいなの？」と考えてしまう人がいます。けれど、「思考の見直し」というのは、嫌な出来事を創り出した〝犯人探し〟、あるいは誰が良くて誰が悪いという〝ジャッジ〟をすることではありません。

〝私のせい〟ではなくて、気づかずに持っている自分の思考が自分を不幸にしようとしているだけです。

嫌な出来事は、自分を変えていくため、自分をハッピーな方向へ連れて行くために自分自身が起こしていることなのです。

ネガティブな思考を取り換える

そもそも、自分のことは自分だけではなかなか理解できません。だから世の中にありとあらゆるたくさんの人を創り出して、その人たちを見ることで自分を知ろうとしています。

つまり、**現れてくれたみんなを味方につける思考**を身につければ、自分のことも理解できるようになるというわけです。

地震も雨も雪の日も、通勤途中に電車が止まってしまうのも、街で赤信号が続いてスムーズに進めないのも、自分に嫌みを言ってくる人も、何もかも自分の思考が創っているとしたら――。

すべて自分が創っているのなら、すべて自分で取り換えることだってできるということになりますね。それなら、**ネガティブな思考や残念な思考を自分自身で取り換えていけば良い**のです。

ただし、ネガティブなことは必ずしもダメなことではありません。**自分が本当に望んでいることを知るための大切なメッセージ**です。

まずは、身のまわりの人や出来事すべてが自分自身の思考だと思うことができれば、リラックスして物事に取り組めるようになるでしょう。何か嫌なことやトラブルが起きたときも落ち着いて対処ができるようになります。

このような思考の仕組みを知り、その仕組みを腑《ふ》に落とすことができれば、３カ月後、半年後、１年後、今とはまったく違うあなたが見えてくると思います。

【ワーク①】「花の瞑想」でリラックスする

思考を現実化させていくための方法をこれから実践してもらうときに大事なことがあります。それは〝リラックス〟して行なうということです。

肩に力が入っていては、潜在意識から自分の思考を見直していくことはできません。

ここでは、リラックスするための「花の瞑想《めいそう》」をご紹介します。

花の瞑想は、自分をリセットする時間です。自分の中に咲く一輪の花を感じ、リラックスできる状態を創ります。これは自分を癒すことにもつながります。次の瞑想の方法を最後まで読んでから、ゆっくりと始めてみましょう。

目を軽く閉じてください。

身体をリラックスさせて、背筋を少し伸ばしましょう。
3回、深呼吸をします。

ここで、とても気持ちが落ち着いてきます。

あなたの目の前に一輪の花があります。

それはどんな花ですか？
何色ですか？
どんな形をしていますか？
大きさはどれくらいですか？
どんな香りがしますか？

色や形、香り、すべてをよく味わってみましょう。そして、花のエネルギーを感じます。

この花は、あなたの潜在意識の深い部分に咲いている花です。

この花の美しさを存分に味わってみてください。

そして、この花からあなたに必要なメッセージを受け取ってみてください。

あなたの中に咲く花が、あなたをいつも優しく見守り続けてくれています。あなたの身体や心に不調があるとき、優しく癒してくれます。


あなたの胸の中にこの花をしまいましょう。


あなたは、いつもどんなときでも孤独ではありません。いつもこの一輪の花は、あなたの中に咲いていて、つねにあなたを応援し続けてくれています。

安心して、今、ここにいる自分を感じ取ってみてください。


それでは、意識を自分の身体に向けましょう。

大きな深呼吸を一つ、ゆっくり行なってください。

あなたの周囲の音や物、そしてあなたの身体に意識を戻していきます。

それでは目を開けてください。瞑想は終わりです。

毎日数万もの思考が潜在意識にストックされる

思考は100%現実化します。そう思えば思うほど、現実を変える力が手に入ります。

自分にとって嫌な出来事、不幸な出来事が起きるのは、自分にそういった出来事を起こす思考が何らかの理由によってあるからです。自分の思考のパワーを見くびって今まで**つねにネガティブ思考であり続けた結果、嫌なことが起きている**とも言えます。

それでは、自分の思考のパワーを見くびらないようにするためにはどうすれば良いのでしょうか？　そのための有効なアクションが、先ほど説明した**「全員、自分の分身」と思うこと**です。

ここで、まずは思考の正体を把握しておきましょう。

私たちは、1日に約6万〜10万回もいろいろなことを思っていると言われています。「部屋が汚れているから掃除をしよう」「明日からの旅行が楽しみ」「あの人に嫌なことを言われて悲しい」「成績が上がってうれしい」「仕事が立て込んでいて大変。急いでやらなくちゃ」「今度、あの映画を見に行こう」「おなかが空いたからごはんを食べよう」など、意識的な思考だけ考えてもたくさんあることがわかります。

さらに、無意識な思考も山ほどあります。たとえば歩くときに、「右脚を前に出して、次は左脚を前に出して、手を交互に振って……」なんていちいち考えてはいないけれど、その一つ一つも思考です。

ごはんを食べるときにも、「お箸を右手で握って、お茶碗を左手で持って、米粒を一粒も落とさないように上手に口に運ぶぞ」などといちいち思ってはいませんが、やっぱりすべてが思考です。これらの動作は無意識に思考して行なっているということです。


そして、**意識的にも無意識的にもあれこれ考えたことがすべてストックされてい**

るのが潜在意識です。その数は、1日6万回×365日×年齢で考えると、50歳の人ならなんと10億9500万回もの思考が潜在意識にストックされていることになります。

この潜在意識の中には、良い思考（ポジティブな思考）も悪い思考（ネガティブな思考）もすべてストックされていて、潜在意識の中に良い思考しか入っていないなんていう人は1人もいません。**悪い思考もたくさんストックされています。**

2：2：6の現実を創る思考

潜在意識にストックされている思考をざっくり分類すると、次のようになると考えられています。

良い思考　20％
悪い思考　20％
曖昧《あいまい》な思考　60％

この3つの思考は宿っていてエネルギーが異なっていて、それぞれのエネルギーに適した扱い方があります。**適した扱い方を知って実行すれば〝いいこと〟が近づいてくるスピードが速くなります。**

言い方を変えれば、嫌なことがあまり起こらなくなってくるということです。たとえ起こっても、落ち着いて対処できるようになります。

「引き寄せの法則」という原理がありますが、私はこれを「思考が現実化する」という言い方をしています。引き寄せは、**思考の量が自分の中で増えていくこと**で現実に起こります。

思考の量が増えていくにつれて、あなたの現実世界のより近い距離でそれを目撃することになり、そして最終的には、思考したことを実際に手に入れられるようになります。

逆に、自分の潜在意識の中でその思考の量が減っていくと、それはだんだんとあなたの現実の世界から遠のいてしまいます。

良い思考と悪い思考、それぞれの量のバランスによって悪いことが遠のいていって、良いことが近づいてくるように感じられることがあったり、逆に、良いことが遠のいていって、悪いことが近づいてくるように感じられることもあります。

とはいえ、良いことを近づけるためには、単純に良い思考にフォーカスして増やせば良いというわけではありません。それよりも、**悪い思考と曖昧な思考について、それぞれのエネルギーに適した方法でうまく扱っていくこと**が大切です。

まずは、悪い思考、曖昧な思考、そして良い思考の特徴と扱い方を知ることから始めていきましょう。

悪い思考の扱い方

——クセづいた悪い思考を見抜く

悪い思考を「悪い」と思ってはいけない

人生をしあわせで豊かにするためには、まずは悪い思考をどんなふうに扱っていくかが重要になります。

私たちは、自分のネガティブな部分やブラックな部分はあまり見たくありませんよね。だから、悪い思考を見て見ぬふりしてつい置き去りにしてしまいがちです。

けれど、この悪い思考を上手に扱っておかなければどんどん暴れん坊になっていき、反乱を起こしてしまいます。**悪い思考をきちんと扱って悪者にしない、潜在意識の中の宝物の一つにしてあげなければいけません。**

そもそも、潜在意識には毎日６万〜10万回もの思考がストックされていくわけですから、生まれたときから積み重ねてきたクセのような思考がたくさんあります。これが悪い思考であっても、子どもの頃からの思考なのでそれを悪いとは思わずに〝当たり前〟と思ってしまいます。自分では悪い思考だと気づけないのです。

そのため、**当たり前になり過ぎている悪い思考を見抜かなければなりません。**

「嫉妬心」は良いことを引き寄せている証拠

それでは、その当たり前になっている思考をどうやって見抜いていけば良いのでしょうか？

基本的な考え方は、**「長く溜めてきた思考は、自分のまわりに現れる」**ということです。本章の最初に「全員、自分の分身」とお伝えしましたが、まわりの人が何を言っているのか、まわりの人がどんな状況なのかを見て、自分の思考を見抜いていく必要があるということです。

自分のまわりに現れる出来事から自分の思考を見抜くときに、とくにわかりやすいのが**「嫉妬心」**です。多くの人が、この苦しさを経験したことがあるのではないでしょうか？

嫉妬心は、自分がほしいと強く望んでいるのに、なかなか手に入らない物や事にしてしまいますよね。

たとえば、「結婚したい！」と思って、婚活を始めたとします。まわりの友達や知り合いに「いい人がいたら声をかけてね」とアピールしたり、婚活サイトに登録したり、積極的に出会いの場に参加したりします。そんなふうにしていると、まわりで自分より先に結婚していく人が目につくようになってきます。

じつはこれは、良い思考が溜まってきて、自分自身にも結婚が近づいてきた良いサインです。

けれど、思考の仕組みを知らなければ、「なんで彼女のほうが私よりも先に結婚できたの？」「私のほうが絶対にイイ女だと思うけど！」などと、イライラしてきたり、もやもやしてきたりします。これが嫉妬心です。

こうなると、「私はどうせ結婚できないんだ……」という感情が思考よりも優先されてしまい、それが現実化します。このときにまわりを見ると、結婚する人がいなくなったり、そのうち離婚話を聞いたりし始めます。

こうなっては「結婚する」という思考の量が減り、結婚は現実からどんどん遠のいていきます。

他人のしあわせは自分のしあわせになる

もう一つ例を挙げると、「お金持ちになりたい」と思って仕事を頑張っているとします。まわりで宝くじに当たった人、莫大《ばくだい》な遺産を得た人、転職して年収が倍増した人などが現れるようになれば、それは良い思考が溜まってきて、やがて自分にもお金が入ってくるというサインです。

ここで、「あの人はなんの努力もしていないのにあんな大金を得るなんて、世の中は不公平だ」「あそこの親は資産家だからいいよね」などの嫉妬心に引きずられてしまうと、「所詮《しょせん》、サラリーマンの私がお金持ちになれるはずがない」「うちの親は貧乏だったしな」とあきらめの思考が溜まってしまい、本当に「お金持ちになる」という現実が遠のいていきます。

思考の仕組みを知っていれば、その嫉妬心も良いサインだと感じることができていたはずです。嫉妬心に引きずられるがまま、こんな自損事故を起こさなくてもすみます。

まわりの人を見て嫉妬心が湧いてきたときは、「良いことを引き寄せて、思考を現実化させているな」「嫉妬心は勘違いだよね」「友達の結婚は私が創り出したんだよね」「あの人が宝くじに当たったたのは私のおかげ」くらいに思ってみてください。

そして、**心から「おめでとう。良かったね。次は私の番！　私ってすごいね！」と自分自身をほめてあげること**が大切です。

「怒り」のエネルギーにはパワーがある

嫉妬心のほかに、悪い思考（ネガティブな思考）の中には「怒り」がありますね。**怒りにはものすごく強いエネルギーがあり、大きな原動力になる思考です。**

たとえば、仕事でとても悔しい思いをしたとき、「なにくそ！　今度は絶対に成功して見返してやるぞ！」なんて思いが湧き上がってきて、実際に大きな仕事をやり遂げた経験がある人もいるでしょう。人生のどん底から這《は》い上がっていかなければならないようなときは、**怒りは大きなパワーになる**ので有効です。

けれど、「なにくそ！」という思考をいつまでも持ち続けていると、そのうち逆に自分が叩き落とされ、自分が傷つき、大変な問題や事件が起こりかねません。

そのため、**怒りは野放しにせず、どこかのタイミングで自分自身を癒して〝愛〟に変えていく**必要があります。

そこで大切になるのは、**怒りの正体をよく見てあげる**ことです。怒りが湧いてきたり、イライラしてきたりしたときには、「私はなんで怒っているんだろう？」「私はなんでイライラしているんだろう？」と積極的に思考を見つめてみてください。

怒りは決してネガティブで悪い思考ではありません。**怒りは自分の中にしまい込んできた思いに気づくための大切なサインです。**まずは、自分の中に怒りがあることを認めてあげてください。

大切にされていないという思いが創り出すもの

怒りの思考のやっかいなところは、自分が「怒っている」ことにまったく気づくことができない可能性があることです。

怒りが込み上げてくる大きな原因の一つが、「自分が大切にされていない」という思いです。**自分が大切にされていないと思ったとき、私たちは誰かに意地悪をしたり困らせたりすることがあります。**

それだけでなく、**いじけて自分自身を不幸にしたり、病気にしたりすることもあります。**そうやって自分自身を傷つけることで、無意識のうちに「私のことを気にかけてね」「私のことをもっと大切にしてね」とまわりにアピールしています。つまり、病気も「怒り」の表れと言えるのです。

そのため、**「自分のことは自分で大切にしてあげる」という思いを、意識して増やしていきましょう。**その方法は第3章で詳しくお伝えします。

また、誰にでも自分の心の中に何十年もかけて創り上げてきた困った出来事というものがあります。

たとえば、何気ない会話の中で「私が子どもの頃、父は仕事が忙しくてほとんど家にいなかったんですよ」と言う人がいます。そんな言葉が出てくるのは、父親に対して、じつは心の奥底では怒っていると言えます。

子どもの頃の記憶は潜在意識のずっとずっと底のほうに埋もれています。底のほうにあればあるほど、感情として反応しにくく当たり前になってしまいます。顕在意識では「子どもの頃、父は仕事で忙しかった」、ただそれだけのことです。しかし、その人にとっては、子どもの頃の経験としてパッと出てくる思い出の一つです。ということは、子どもの頃の自分にとっては大きな感情の動きがあった出来事のはずです。

そして、その子どもの頃にどんな思考を溜めていたかというと、ちょっと大袈裟《おおげさ》に聞こえるかもしれませんが、「本当はお父さんにいっぱい遊んでほしかったのに」「私のことをよくも放っておいたわね」という怒り（子どもらしい「怒り」と言えるかもしれませんね）です。

「え？　それって、私の怒りなの？」とピンとこない人も多くいるでしょう。しかしそれは、その怒りの思考が当たり前になっているから気づいていないのです。

じつは、この奥深くに溜まった潜在意識が、現在のパートナーや子ども、友達、同僚などに対しての怒りといった、困った出来事として現れているケースも多くあります。

それが当たり前になり過ぎていて、やっぱり自分ではよくわからないという人もいるかもしれません。その場合は、**「潜在意識の奥深くにそんな思考が溜まっているのかもしれないな」**ということだけでも少し意識できるようになると、現在の怒りの正体もだんだん見えてくるようになります。

曖昧な思考の扱い方
——野放しにしないで優しい気持ちで向き合う

ちょっとした怒りを注意深くすくい上げる

曖昧な思考とは、自分でもよくわからない、つかみきれない、なんとなく思っているような思考です。そのため、**悪い思考に比べるとエネルギーはとても弱い**ことが特徴です。

ただし、曖昧な思考は、**良い思考と悪い思考のどちらか優勢なほうの味方をする、**

別名「日和見《ひよりみ》思考」とも呼ばれる思考です。

全体の60％もある曖昧な思考を良い思考の味方にさせられれば良いのですが、この曖昧な思考をみんな野放しにしがちです。そうすると、悪い思考のエネルギーが強い分、曖昧な思考は悪い思考に加担してしまいます。

そのため、よくわからない、なんとなくもやもやしているといった思いは、そのままにして終わらせるのではなく、**言葉の力を使ってエネルギーの方向づけをしていくこと**が大切です。

たとえば、雨の日に電車に乗っていると、駆け込み乗車をしてきた人が傘をブルブルッと振って、あなたのバッグに水滴がかかってしまいました。こんなとき、ちょっとイラッとしますよね。けれど、「まあ、悪気もなさそうだし、仕方がないか」「文句を言ったところでどうにもならないし……」などと、やり過ごすことが多いでしょう。

これこそが、曖昧な思考を野放しにしている状態です。

こういった出来事があったとき、「ん？　私、水滴がかかって怒ってるよね？」「『ちょっとバッグが濡れちゃったんですけど！』って文句言いたかったよね？」

「一言も謝らないなんて、この人、私のことバカにしてる!?」と、思考を見つめ直す必要があります。「もやっ」とした曖昧な思考を注意深くすくってみるようにしてください。

曖昧な思考は「言葉」で見える化させる

曖昧な思考の中からきちんと怒りの感情を見つけた後、たとえば『『バカにされた』なんていう怒りの感情を、私はほしいわけではないよね。怒りを生む出来事を私は創りたいわけじゃないよね。大切にされたいっていう自分を創りたいんだよね」と、**自分自身と〝言葉〟でしっかり問いかけをしてください。**

このようにして曖昧な思考をしっかりすくい上げていくと、自分のまわりからイライラする出来事や嫌な思いをさせられる人などが、だんだんといなくなっていきます。

少しだけ怒りを感じたこと、なんとなくもやもやしたことを放置せずに、**優しい気持ちで自分と向き合って言語化することで、曖昧な思考のあやふやな弱いエネル**

ギーを固め、強めていくことができます。

すると、曖昧な思考は曖昧な思考ではなくなり、どんどん良い思考の味方をするようになっていきます。

良い思考の扱い方

——基本はほったらかしでOK

現実化する良い思考の落とし穴

ここまでお伝えしたとおり、エネルギーが強い悪い思考（ネガティブな思考）、エネルギーは弱くても悪い思考の味方をしがちな曖昧な思考を上手に扱うことで、良い思考はどんどん優勢に働いていきます。

そのため、良い思考はほかの思考と比べてそれほど気を使って扱う必要はありません。

悪い思考に邪魔されなければ、良い思考は自然に現実化していきます。

ただし、夢や目標がわからなくなっている人は、悪い思考に邪魔され過ぎて、物事を感じるセンサーが鈍くなっている可能性があります。

私たちは、本来は「こうなりたい」「これが好き」「これをもっと極めていきたい」といった思いや目標、夢や好奇心を誰もが持っています。

けれど、「夢なんて願ったって叶わないでしょ」なんて思っている人は、悪い思考に知らないうちに操られて、自分の人生をあきらめてしまっています。**夢や目標が思い浮かばない人は、じつは思考的にはかなり緊急事態**であるということに気づいてほしいと思います。

そこで、良い思考をもっとすくすくと育てるために、次に紹介する1カ月後、3カ月後、1年後、5年後、10年後の自分の夢や目標、願望を書き出すワークを実践していきましょう。

【ワーク②】夢・目標・願望を書き出す

自分自身のこと、仕事のこと、パートナーのこと、親のこと、子どものこと、お金のこと、ペットのこと、趣味のことなど、どんなことでも構いません。想像しながら、**「思わずニンマリしちゃう」**ことを基準にして夢や目標を書いていきましょう。

夢や目標がない人は、無理に思い浮かべる必要はありません。どうしても思い浮かばないときは、友達や家族の夢や目標、または次の例を参考にしてみても良いと思います。

「あ、そういえば私も同じ願望があったな」と気づくだけでも、物事を感じるセンサーが働くようになっていきます。

・いつもニッコリしている私になる
・最新式の洗濯機を買う
・1カ月に1回は温泉旅行に行く

自分の夢・目標・願望を書き出すワーク

思わずニンマリしちゃう夢や目標、
願望をたくさん書き込んでみましょう。

1ヵ月後

・

・

3ヵ月後

・

・

1年後

・

・

5年後

・

・

10年後

・

・

・値札を見ないでほしいものを好きなだけ買えるようになる
・パートナーとのケンカをなくす
・漫画を大人買いする
・子どもを叱らない自分になる
・ダイエットを成功させて水着を着れるようになる
・ヨーロッパ旅行を実現する
・やりがいのある仕事が舞い込んでくる
・年収が1000万円になる
・理想のマイホームを建てる

書いた夢や目標、願望はときどき見返してニンマリしましょう。良い思考はこの程度の扱いで、あとはほったらかしで大丈夫です。ここから思考の仕組みをどんどん把握して腑に落ちていけば、想像の範囲を超えるような良いことが待っています。

【ワーク③】鏡の前でうれしい言葉を笑顔で言う

もう一つ、良い思考を育てていくためにかんたんにできるワークを紹介します。それが「鏡のワーク」です。このワークは一生やり続けることで、自分をつねにしあわせな方向へ導いていくことができます。

まず、自分が言われたらうれしい言葉をいくつかピックアップします。たとえば、「愛してるよ」「大好きだよ」「尊敬しているよ」「きれいだね」「頭がいいね」「やさしいね」「正直な人だね」など、なんでも構いません。ポイントは、**言われたらニンマリしちゃうような言葉**です。

そして、これらの言葉を鏡の前に立つたびに自分にかけてあげてください。部屋の中や洗面台、職場や駅のお手洗いなど、鏡はたくさんありますね。

まわりに人がいるときは心の中で、鏡に映った自分に話しかけてください。もちろん、**真顔ではなく、ニッコリした笑顔で話しかけること**が大切です。

鏡の前でうれしい言葉と一緒に自分の笑顔を見ると、潜在意識にそのイメージが溜まっていきます。

そして、**「そんな現実がほしいんだね。ＯＫ」と潜在意識が勝手に理解して**

くれます。

まずは騙《だま》されたと思って、**最低でも21日間続けてみてください。脳の新しい回路は21日間でできあがると言われているからです。**

私たちは、落ち込んだりイライラしたりすると、こういったワークを続けることができなくなるときがあります。

けれど、ネガティブな気分に引っ張られ過ぎて、それに支配されてしまわないでほしいと思います。

ネガティブな気分から抜け出すためにも、毎日一言だけでも良いので「鏡のワーク」をぜひ続けてみてください。必ず潜在意識にしあわせな思考がどんどん溜まっていきます。

主語がわからない潜在意識

――ネガティブな思考は幼少期の脳の仕組みが関係している

悪い思考（ネガティブな思考）にはパワーがあり、潜在意識の中でもかなり幅を利かせてきます。それは、脳の仕組みの問題も大きく関係しています。

私たちがこの世に生まれてくるときは、小さな赤ちゃんで脳も未発達な状態です。その脳は、小学校に上がるくらいまではまだまだ完成にいたらず、とても原始的です。

この頃は、脳の奥深くにある大脳辺縁《へんえん》系という部分をメインに思考が動きます。ここここそが潜在意識と深くかかわっている部分です。大脳辺縁系をメインにする脳は感情が優先で主語がわかりません。たとえば、「彼は意地悪だ」と思ったとき、主語がわからないために「私は意地悪だ」というふうにも認識してしまいます。

小さな子どもの世界の登場人物はお父さんやお母さん、兄弟姉妹などが主で、みんなから愛されて生活をしています。しかし、未発達の脳では大人の視点を持たないため、お父さんやお母さんが自分を愛してくれていたからこその行動も、自分にとって「不快」であればネガティブな記憶（思考）としてストックされてしまいます。

たとえば、自分はおやつを食べたいのに、お母さんはもうすぐ夕飯だからと言って食べさせてくれません。このとき、お母さんは自分の子どもが憎くておやつを食べさせないわけではありませんよね。けれど、脳が未発達なときには、「おやつを食べさせてくれない＝私は嫌われているんだ」というネガティブな感情だけが残ってしまうのです。

理性がまだあまり働いていないため、「快」か「不快」かで物事を捉えます。そして、その「快」か「不快」かは、そのまま潜在意識の奥深くにストックされます。これが人生の思考のベースになっているというわけです。

こうした幼少期のネガティブな思考が、潜在意識の奥深くにストックされ続けているため、悪い思考が当たり前になって、そもそも悪い思考であることにさえ気づけなくなり、潜在意識の中で威勢よく振る舞ってしまっています。

SUBCONSCIOUS

第 2 章

しあわせの邪魔をする罪悪感の正体

自覚のある罪悪感
——小さな罪悪感には要注意

罪悪感には癒しを与える

嫉妬心や怒りなどの悪い思考（ネガティブな思考）、そして曖昧な思考を上手に扱っていくと同時に、きちんと向き合うべき存在がもう一つあります。それが**「罪悪感」**です。

罪悪感は、多かれ少なかれ誰でも持っているものです。この罪悪感を自分自身で癒してあげることができるようになれば、人生はかなりスムーズに運ぶようになります。

そもそも私たちは、悪い思考と同様に、罪悪感についても見て見ぬふりをしがちです。けれど、見ないでい続けるほうがじつはよほど怖いことなのです。

なぜなら、**罪悪感は何だかよくわからないけれど自分に苦しみを与えたり、自分**

を不幸にしたり、そういった悪い状況を無意識で創り続ける「もと」になっているからです。

さらにやっかいなことに、この罪悪感には**「自覚のある罪悪感」**と**「自覚のない罪悪感」**があります。

それぞれの罪悪感の正体を見極め、しあわせを素直に受け取ることができるようになりましょう。それが、しあわせに向かって進んでいける自分を創るための第一歩です。

些細な悪さも潜在意識の中で育っていく

「あのとき、あの子に意地悪しちゃった」
「仕事でちょっとずるいことをした経験がある」
「友達にひどい言葉を言っちゃった」
「子どものとき、親の財布からお金を勝手に取ったことがあったな」
「親にちょっと嘘をついて遊びに行ったことがあったな」

といったように、自分の過去を振り返ると罪悪感につながるいろいろな出来事を思い出すことができるのではないでしょうか？

その中には、「本当に悪いことをした」と思う罪悪感もあれば、「まあ、たいした悪さじゃないよね」とそれほど悪いとは思っていない罪悪感もあるでしょう。

後者の罪悪感の場合、自分の思考にもほとんど影響がないと思うかもしれません。けれど、じつは何十年という年月をかけて、**知らず知らずのうちに自分の中で大きな罪悪感に成長してしまっている**ことはよくあります。

たとえば、子どもの頃、ほんの出来心で親の財布からちょっとお金を盗んだという経験がある人はけっこういます。額にすれば、100円、200円程度ですから、大人になった私たちから見ればたいした額ではありません。ちょっとかわいいくらいの思い出です。

しかし、子どもの頃に親の財布からお金を盗んだという思いは、「盗んじゃった。盗んじゃった。盗んじゃった……」と無意識に潜在意識に溜まっています。

そして、大人になってからその罪悪感が自分に返ってきてしまうことがあります。

「友達に頼まれて10万円貸したけれど、返ってこない」「詐欺に遭った」「お財布をすられた」などといった出来事です。子どもの頃の些細《ささい》な罪悪感が、長い年月をかけて潜在意識の中でムクムクと育って大きな力をつけてしまった結果です。

もしも、子どもの頃に親のお金を盗んだり、どこかの駄菓子屋で万引きをしたりした記憶があるなら、**子どもの頃の自分になったつもりで、「あのときは本当にごめんなさい」と心の中でしっかり謝ってみましょう。**

大人になった今は、人のお金を盗むなんてことはしないと思いますが、「もう絶対にお金を盗まないよ」と心の中で誓い、罪悪感を癒してあげてください。

良心があるからこそ良心に従うことができる

一方で、大人になった今、誰かに意地悪をしたり嫌みを言ったりしているという罪悪感もあるでしょう。これも、それほど大きな悪さではない、相手は気づいていない、相手は傷ついていないといったレベルの罪悪感もあるかもしれません。

だから、「たいして悪いことじゃないよね」「あのときは仕方がなくて、あんなことをしちゃったんだよ」と、顕在意識では自分を正当化しているかもしれません。

けれど、**私たちは「良心」を持っています。良い心があるから、どんなに小さなことでも罪悪感を抱いて自分を責め続けてしまう**のです。実際に、「いつかバチが当たるかも」、あるいは「この嫌な出来事は、あのときの罰かも……」などと思うこともあるでしょう。

その罪悪感をそのままにしていると、やっぱり潜在意識の中でどんどん大きく育ち膨れ上がってしまいます。それが結果的に、自分の現実の世界で何かしらの不幸を創り出してしまうのです。

自分の気持ちがあまり良くないと思うことは、シンプルに、やらないようにしましょう。仕方がないからやらざるを得ないような悪いことも、やっぱりやらないほうが良いと思います。**できるだけ良心に従った行動をすることで、良い方向に心が向かっていくからです。**

それは心がきれいになること？　心が汚れること？

「子どもは心の話が大好きなんだよ。だから、お行儀が悪いこと、何か良くないことをしたときには、叱るのではなく、まずはこういうふうに問いかけてごらん。『〇〇ちゃん、それをやるのは心がきれいになること？　心が汚れること？　どっちかな？』。これが、一番効果があるんだよ」

これは、右脳教育の第一人者である七田眞《しちだまこと》先生（七田式教育創始者）がよくおっしゃっていた言葉です。

子どもだから心の話なんてわからないだろうと思いがちです。けれど、心がきれいになることなのか、心が汚れることなのか、という判断をさせると、子どもは本当に悪いことをやめてくれます。

子どもだって、心がきれいになることなのか、心が汚れることなのかをきちんと判断して、気持ち良く生きていこうとしているということがわかります。大人の私たちなら、心がきれいになることかどうかをもっと本質的に知っているはずです。だから、心が汚れてしまうような罪悪感が溜まると、いつまでも私たちを追いかけて苦しめるのです。

とはいえ、大人の世界にはいろいろありますから、聖人君子になろうとする必要はありません。

頭の中、顕在意識ではいろいろな思いはありますが、**心がよろこぶ、心がスッとする、心が整う、心がきれいになる、そう感じられることを少しずつでも選択していこうと心掛ける**だけで良いのです。そうすれば、清らかできれいな心で過ごせるようになると思います。

自覚のない罪悪感

——「愛されたい」「認められたい」の裏返し

誰かに罪悪感を与えるために自分が不幸であり続けるのか？

「なんだかわからないけれどしあわせな道を歩めない」
「しあわせになれそうだったのに、いつも誰かが邪魔をする」
「自分なんかがしあわせになっていいのかわからない」

これまでの人生で、こんなふうに思った経験がある人も少なくないと思います。
たとえば、「結婚したいと思って頑張っているのになかなか良い人に巡り合えない」「誰よりも一生懸命仕事をやっているのに上司に認められない」「無駄遣いしているわけではないのに豊かにならない」など、なんだか不幸から抜け出せない感じです。

こんなとき、まずは**「もしかしたら自分が不幸であり続けることによって、誰かに罪悪感を与えたいと思っているかもしれない」**と考えてみてください。

じつは、「誰かに罪悪感を与えたい」と思う「誰か」とは、自分の親である可能性が高いです。**「自分が不幸であり続けることが親への一番の復讐《ふくしゅう》になる」**と思っているのかもしれません。

親との関係に長い間葛藤《かっとう》を抱えている人は、とくに過去の思い出などから自分の思考を見直してみてください。

子どもの頃の思考の誤解が復讐心を生む

もともと、私たちは「お父さんもお母さんも大好き！」という状態で生まれてきます。父親と母親にとっても、それこそ無償の愛で育てた子どもがしあわせであることは本当にうれしいことです。

けれど、子どもの脳は「快」か「不快」かのみで物事を判断しています。そのため、いろいろな勘違いで「お父さんもお母さんも大嫌い！」に変わってしまうことがあります。そうすると、大人になってから「お父さんもお母さんもよろこばせてたまるか！」という思いが働いてしまうのです。

「全然遊んでもらえなかった」「褒めてもらったことなんてほとんどなかった」などと、嫌なことばかりに何十年もフォーカスし続けて、**〝無償の愛〟という部分を思考の中からすっかり欠落させてしまっている**ことがよくあります。

「私が不幸なのは、両親のせいだ！」「お父さんが仕事ばかりだったからだ！」「お母さんが十分に愛をくれなかったからだ！」などといったことをわからせてやるために、自分を不幸にし続けているのです。

裏を返せば、「ごめんね。お母さんの育て方が悪かったせいで、あなたはしあわせになれないんだよね」「ごめんね。お父さんが十分な愛情をかけてあげられなかったせいで、あなたの人生はうまくいかないんだね」と、親に言わせせたい気持ちが心の中にあるということになります。

けれど、親に謝らせたいというのは大きな間違いです。親に愛されていないという〝勘違い〟をギュッと握りしめて、意地になって「不幸であり続けてやる！」と思ってしまっているだけです。これではすごく苦しいと思います。

今一度、自分の思考を探ってみて、「『親に罪悪感を与えさせる』ことをやってきたかも……」と思い当たることがあれば、それに気づく、自覚するだけで世界は大きく変わっていきます。

罪悪感を手放す宣言

両親との関係を例に出しましたが、何もかもがうまくいかなくて、どうしてこんなにつらいのか、と**自分を苦しくさせ続けていたのは潜在意識に眠っていた自分の思考だった**ということがわかったと思います。

思考の仕組みがわかれば、自分は十分に愛されていたということを感じることができると思います。

たとえば両親の愛を感じることができたら、「お父さんとお母さんのおかげで、私はこの世に存在することができていて、今しあわせだよね」「しあわせだよと言える人生をこれからも素直に創っていきたいね」と自分に話しかけてみてください。

「自覚のある罪悪感」も「自覚のない罪悪感」も、どちらも潜在意識の奥深くに留まり続けています。

潜在意識の奥深くに存在して自分のしあわせを塞《せ》き止めている、その最たるものが罪悪感です。「今日から、罪悪感を持つのをやめます」「罪悪感を手放してしあわせになります」と自分自身に宣言していきましょう。

【ワーク④】ネガティブな思考を生み出す人を見つめる

罪悪感は、自分自身の潜在意識によって自分を不幸にする思考です。対人関係において罪悪感を抱いてしまった行動や言動をしたのは、相手にネガティブな印象を持っていたのかもしれませんし、嫉妬心からついやってしまったのかもしれません。

ここで、「ネガティブな相手も自分自身の思考からできあがっている」ことが腑に落ちやすくなるワークを実践してみましょう。

1．心にちょっと引っかかっている人を1人書き出す

ちょっと罪悪感を抱いている人、なんとなく気まずくなった知り合い、ケンカ別れした友達、別れてしまったパートナー、いつもコミュニケーションがうまく

いかない同僚、よく怒ってくる上司、会うとなんとなくもやもやする人などです。

2．その人の「素晴らしい」と思うところを3つ書き出す

嫌いな人だとしても、悪いところばかりではなく良いところは必ずあります。客観的な気持ちでその人の良いところ、素晴らしいと思うところを探してみてください。

3．その人の「最低！」と思うところを3つ書き出す

「生理的に嫌い」「バカだから嫌い」などというのは、たんなる悪口です。悪口を書いていると、いつまで経っても現実は変わりません。自分が嫌な思いや経験をさせられたと感じている具体的な理由を、きちんと思い出して書いてみてください。

4．2で挙げた「素晴らしい」と思うところについて、「私の中にもそういう要素があるよね」と認める

人の素晴らしいところに対して、自分の要素としては次のようなことが挙げられるかもしれません。

・「お金持ち」に対する自分の要素↓「コツコツ貯金ができている」「まわりから『余裕がありそうだね』とよく言われる」
・「美人」に対する自分の要素↓『髪の毛がサラサラだね』とよく言われる」「色白であることだけは自信がある」
・「大きな家を建てた」に対する自分の要素↓「一人暮らしだけど十分な広さの家に住んでいる」「インテリアにこだわっていて、モデルルームみたいな素敵な部屋にしている」
・「素直」に対する自分の要素↓『いつもニコニコしているね』と言われる」「自分を慕《した》ってくれる親友がいる」

どれも丁寧に見直していって、自分自身にも同じ要素や素質があると認めてあげます。

5．3で挙げた「最低！」と思うところについて、「私の中にもそういう要素があるよね」と認める

その人の最低だと思うところに対して、自分の要素としては次のようなことが挙げられるかもしれません。

・「部屋が散らかっている」に対する自分の要素↓「見た目はきれいな部屋だけど、じつは押し入れの中が物で散乱しているんだよな」「掃除はきちんとしているけど洗濯物は溜めがちだな」

・「八方美人」に対する自分の要素↓「仕方なくつき合っているだけの知り合いが多いほうだな」「仲良くなったと思ったけど、急に連絡を取らなくなる人が多いな」

・「時間にルーズ」に対する自分の要素↓「仕事を優先したくて、プライベートの約束に遅れることがあるな」「だらだらと夜中までテレビを観てしまうことがあるな」

ネガティブな思考を生み出す人を見つめるワーク

1. 心にちょっと引っかかっている人を1人書き出す
・

2. その人の「素晴らしい」と思うところを3つ書き出す
・
・
・

3. その人の「最低！」と思うところを3つ書き出す
・
・
・

4. 2で挙げた「素晴らしい」と思うところについて、「私の中にもそういう要素があるよね」と認めて書き出す
・
・
・

5. 3で挙げた「最低！」と思うところについて、「私の中にもそういう要素があるよね」と認めて書き出す
・
・
・

・「怒りっぽい」に対する自分の要素↓「仲の良い人にはすぐに文句を言っちゃうな」「電車の中で大きな声で喋っている人たちを見るといつもイライラするな」

「素晴らしい」と思うところと同様に、「最低！」だと思うところについても、自分自身を見つめ直して、その要素や素質があることを認めていきます。

この一連のワークを通して、ちょっと心に引っかかっている人の「素晴らしい」ところも「最低！」だと思うところも、その人と同じように私の中にもあるということがだんだんわかってくると思います。

それがダメということではなく、**自分の潜在意識に眠っている良い思考も、悪い思考も認めてあげることで、「全部、自分自身」「自分自身の思考からまわりの人ができあがっている」ということが腑に落ちてくる**と思います。

ときには、相手を見下していたり、バカにしたりしていたことがわかるかもしれません。

自分が見下されると思うのは、自分が誰かを見下したことがあるからです。このワークでは、そんな**心の中の不均衡をフラットにしていくことができるようになります。**

そして、「自分自身をよく知るために、この人が現れてくれたんだ」「この人のおかげで、自分の深い部分を知ることができたんだ」という思考につながっていくと思います。

自分のことをもっと愛せるようになるための下地作りとしても、このワークにしっかり取り組んでみましょう。

フラワーエッセンスで気持ちを鎮める

緊張したり焦ったりしたときに、心を落ち着かせてくれるのがフラワーエッセンスです。

一番ポピュラーなものは、バッチフラワーエッセンスのレスキューレメディでしょう。チェリープラム、クレマチス、インパチェンス、スターオブベツレヘム、ロックローズなどを使って作ったものですが、現在はたくさんの種類のフラワーエッセンスがあります。

【いろいろな使い方】

・エッセンスをスポイトで取って、舌の裏に4滴ずつ、1日4回程度垂らす
・ペットボトルのミネラルウォーターに4滴入れて飲む
・湯舟に4滴入れて入浴する

【ポイント】

フラワーエッセンスの花のエネルギーを効果的に取り入れるため、1日かけてゆっくり摂取することがおすすめです。基本的には4滴が望ましい

とされていますが、もっと取り入れたいときには多めに入れても問題ありません。

【こんなときにおすすめ】

とくに何もなくて心が穏やかなときはもちろん、次のような緊急のときに使うと心が整います。

・ストレスがかかっていると思うとき
・仕事で緊張を強いられているとき
・忙しすぎて、焦っているとき
・ケガや病気をしたとき
・イライラしているとき
・気持ちが沈んでいるとき
・不安感が強いとき

第3章

自分を癒し、自分を知る

身体の不調は思考の現れ

病は「気」から、ならぬ「思考」から

ここまで思考の仕組みを知って、これから本格的に自分の思考を探っていく前にやっておきたいことがあります。それは〝自分を癒す〟ということです。

じつは、**思考は心と身体ととても密接な関係にあります。**そのため、自分の心と自分の身体を自ら癒していくことができるテクニックを身につけておくことが大切です。

私たちは、頭が痛くなったり、おなかが緩くなったり、風邪を引いたり、あるいはもっと大きな病気やケガをしたりすることがあります。**身体にこういった不調が現れるとき、じつは潜在意識から何らかのメッセージが送られています。**

そのため、「なんで私がこんな病気にかからなければいけないんだろう……」と

嘆き悲しんだり苦しんだりする前に、**「なぜ、こんな病気になったり、こんな症状が自分に現れたりしたのだろう」**ということを探ってみてください。

きっと、その病気や症状のもとになっている思考があるはずです。その思考を探ることで、**自分自身で心や身体をケアしていくことができるようになります。**

そもそも東洋医学では、臓器と感情は次のようにつながっているとされています。

・肝臓……怒り
・肺………悲しみ、寂しさ
・腎臓……恐怖
・心臓……よろこび
・腸………判断力
・消化器…悩み

たとえば、肝臓に不調が現れているなら「知らないうちに、長く怒りを溜め込んでいないかな」、肺を患っているなら「悲しいと思うことがあるのに、その思いを抑えつけていないかな」などというふうに見ていきます。

病気やケガをするのは甘えたいから？

ほかにも、耳や目、足、腰などに問題があるときには、次のように自分の思考を見ていくようにしてください。

・耳……「聞きたくない」「知りたくない」という思い
・目……「見たくない」という思い
・手……「本当はほしくない」「捨ててしまいたい」という思い
・足……「前に進むことが怖い」という思い
・腰……「前に進みたくない」「取り組みたくない」という思い

病気やケガをすると、人の助けが必要になって困ったことになります。

たとえば、風邪を引いて熱を出すと仕事ができなくなりますよね。顕在意識では、「会社に行きたいけれど、行けない」「同僚に迷惑をかけてしまう」などと考えているでしょう。

けれど、潜在意識では「会社に行けない」「人に助けてもらわなければならない」ことをメリットにしている可能性があります。それが**〝人に甘えたい〟という気持ちの表れ**です。

甘えることがダメなことでは決してないのですが、わざわざ不調を創り出して甘える必要なんてありませんよね。

身体の具合が悪いとき、家族や友達に構ってもらいたい、甘えたいという隠れた思いがないか、しっかり見ていくと良いと思います。

私たちが思っているよりも自分の思考と心、身体は連動しています。この意識を持って毎日を過ごし、自分自身で心と身体を癒していきましょう。

病気に対して「ごめんね」という思いを伝える

　このように「自分の○○な思考から自分の身体の△△な状態ができている」ということがわかって、それが腑に落ちるようになれば、症状がどんどん良い方向に向かっていくことがよくあります。

　そして、**自分で自分を癒して、自分を穏やかに保っていくことができれば、ほかの人の安らかさや安定にもつながっていきます**。

　もちろん、緊急のときにはお医者さんを頼る必要がありますが、基本的には**自分の身体と心は自分自身で優しくケアをしてあげる**ということを心掛けてください。

　これを心掛けていれば、大病も防ぐことができると思います。

　以前、私は乳がんを経験したことがあります。リンパ節にも転移しているような状態でした。しかし、がんを宣告されたときの私の気持ちは「そりゃ、そうなるよね」というもので、ショックという感じではありませんでした。乳がんなどの**女性特有の病気は、女性性へのコンプレックスの表れ**だからです。

そもそも私が思考の勉強を始めたきっかけは、離婚です。パートナーシップがうまくいかないことに自信をなくしていました。

その後、思考の勉強をしていくうちに、あらゆることが激変して良い現実を創り出すことができていきました。けれど、それでもやっぱり心の片隅には「パートナーシップって苦手。どうしてうまくいかなかったんだろう」という思いが残っていたのです。

このネガティブな思考のパターンをどうしても手放せなかったために、乳がんになったのだと心からそう感じていました。

だから、乳がんに対して「いつまでもうじうじしていたからこうなっちゃったんだね。ごめんね。本気で思考を変えるよ。良くなっていこうね」と思いを伝えました。このときに思考に対して本当に腹が決まった状態になったのだと思います。

すると、その日のうちに、なぜかそれまで連絡を取っていなかった、そして心にわだかまりがあったとある男性から連絡があり（乳がんのことなんて伝えていなかったにもかかわらず）、長年もやもやしていたものがパーッと消えていくのがわかりました。

そうして、食事内容を変えたり、薬草や温熱療法を試したりして、たった3カ月でがんは消えてくれました。

あのとき、がんの宣告を受けて向き合えた経験は、今でも誰かの助けになっています。だから、私はがんからずっと恩恵を受け続けていると思っています。

感情を抑えつける緊張やストレスに気づく

病気とまではいかなくても、私たちは日常生活の中で息を止めていることがよくあります。緊張やストレスを感じているとき、あるいは仕事などに集中して取り組んでいるとき、気づくと息が浅くなったり、息を止めたりしていることはよくあることです。

あるいは、気づいたら歯を食いしばっている、寝ているときに歯ぎしりをしている人もいるでしょう。寝ているときに歯ぎしりをするのは、日中、たくさんの緊張を感じていたからです。日中の緊張をなんとか分散しようとギリギリやっているわけですね。そもそも、歯ぎしりに対するイメージは、「悔しい〜！」という感情ではないでしょうか？

私たちは、大人になると日々いろいろな感情を飲み込みながら生活しています。ネガティブな感情があるからと言って、それを表に出すと人とのおつき合いがうまくいかなくなってしまいます。だから、何とかその思いを飲み込んでいます。そういう飲み込んだ感情が、歯ぎしりに表れているということです。

息が浅くなる、息を止める、歯を食いしばる、歯ぎしりをする……。こんなとき、身体はカチカチに固まっていて、心も同じように固まってしまっています。

そこで、**「息を止めているときがあるんだ」「歯を食いしばっているときがあるんだ」「歯ぎしりをしているときがあるんだ」と、ちょっと意識して生活してみましょう。**まずは気づくことから始める必要があるからです。

もしも息を止めている自分に気づいたら、フーッと息を吐くことに集中してみましょう。深く息を吐くことができれば、息を吸うことも自然にできるようになります。

息を止めなくなるだけでも心を癒すことにつながり、いろいろなことが安定してスムーズに進んでいくようになります。

潜在意識の原点に立ち返る

「安定」を与えてくれる水晶の力

安定と言えば、あらゆる石の中でも水晶は、持ち主の波動を最も記憶して保持する石だと言われています。たとえば、**持ち主の身体の調子が悪いときに、身体の調子が良いときの波動を持ち主に返してくれます。**

自分のまわりの現実は100%自分の思考が創っているという考え方からすると、こういった力がある水晶も自分の思考からできたものと捉えることができますね。

では、水晶は自分のどんな思考からできあがっているのでしょうか？　それは、**「自分の本来安定している部分」と「自分の最も純粋な部分」の思考**です。

「安定した」という意味は、クォーツ式の時計のメリットを知るとよくわかります。クォーツとは水晶のことで〝安定して時を刻む〟役割を果たしています。水晶は、私たちに対しても自分本来の安定したエネルギーを与えてくれたり、ベースに戻してくれたりする働きをして、それを現実化してくれます。

また、私たちの潜在意識の中には膨大な量の思考が溜まっていて、ポジティブな思考もネガティブな思考もあり、混沌《こんとん》としています。その中で自分の純粋さを最も表してくれるのが水晶というわけです。

その水晶の力を借りるためにはどうしたら良いのかと言うと、まずはアクセサリーやパワーストーンなどが販売されているお店で、お気に入りの水晶を一つ見つけてみましょう。安くても高くても構いません。「かわいいな」「素敵だな」と思った水晶を選んでみてください。

そして、心が乱れたり焦ったりしているとき、あるいは毎日寝る前に、水晶を左の手のひらに載せて軽く握ります。ちなみに、左手は一般的にエネルギーを受け取る手だと言われています。一方で、右手はエネルギーを出す手だと言われています。

左手でエネルギーを受け取りながら、ちょっとだけ心を整えて、自分自身に良い波動が戻ってくる時間を感じてみましょう。

自分を知る手掛かりを見つけるダウジング

「イエスかノーか知りたい」「なかなかうまくいかなくて、どうすればいいのかわからない！」と思ったとき、水晶を使ったダウジングで自分の潜在意識に答えを聞いてみる方法があります。

ちなみにダウジングとは、針金や振り子で隠れたものを探し出す手法として有名ですよね。私たちの中に隠れた潜在意識を知る方法としても利用することができます。

ダウジングをしたときの水晶の動き方は人それぞれで、練習が必要です。まずは遊び感覚でも良いので、いろいろな質問をしてみましょう。

たとえば、「この食べ物は私に合っていますか？」「今年、海外旅行に行ってもいいですか？」「フラワーエッセンスは何滴取り入れたらいいですか？　１滴ですか？　２滴ですか？」という感じです。

紐に吊した水晶がどのように動くかで自分の思考を探ってみます。さまざまな質問に対してイエスなら右まわり、ノーなら左まわりなど、自分なりの動き方が見つかるでしょう。

どんな結果も自分の潜在意識の現れです。ダウジングをすることで、自分の中に隠れた怖さに気づくこともありますし、じつはこんなことをやりたかったんだというヒントを得ることもあります。

自分を知る手掛かりとして、水晶と遊んでみましょう。

自然に触れるアーシングで思考を癒す

人工的に造られたものではなく、もともとあるものを〝自然なもの〟というふうに私たちは言います。

しかし、山や木、花、海、川などの自然も私たちの潜在意識から創られていると考えてみてください。つまり、**潜在意識のベースになっているのが自然**というわけです。

そこで、疲れたときや気持ちが落ち込んだとき、もやもやするときなどは「アーシング」をして潜在意識の深い部分まですばやく浄化してみると良いと思います。

アーシングとは、身体に溜まった電気を抜くために、木や葉っぱ、花、海など自然なものに素肌で触れることです。

たとえば、次のようなアーシングをやってみることで、**身体がスーッと楽になっていく**ことがわかると思います。

・砂浜を裸足で歩く
・海水浴をする
・川に足をつける
・公園の地面に直接手をつけて触れる
・神社や森で、身体ごと大木に抱きつく
・自宅の庭で土いじりをする

潜在意識のベースになっている自然に直に触れて、自覚しているもやもやはもちろん、自分でも気づかなかったネガティブな思考も癒していきましょう。

頂上を目指さないで思考の過程を楽しむ

アーシングの一つに山登りも挙げられますが、思考の勉強につながる取り組み方があります。

私たちが山登りをするとき、だいたいは〝頂上〟を目指します。息を切らしながら苦しい山道を制覇して頂上にたどり着いたとき、「やったー！ 着いたぞ！ バンザーイ！」という気持ちになりますよね。

しかし、思考の勉強では、あえて**〝頂上まで行かない山登り〟**を試してみてほしいのです。つまり、頂上にたどり着く前に帰ってくるという山登りです。

なぜなら、頂上ばかりを目指す山登りは、ただがむしゃらに前に進むだけで、頂上までの過程を楽しんでいないことがあるからです。頂上までの道のりには、きれいな花が咲いていたり、美しい景色が見えていたりするはずなのにもかかわらず、です。

これは人生にも当てはめることができると思います。何かの頂点に立つことばかりに意識を向けていると**〝いま〟を楽しむことができていない可能性があります。頂点を目指さない生き方も大事な道の一つ**です。

頂上が一番良い、頂上が一番素晴らしいということではなくて、そこに行くまでの道にも素敵なことはたくさんあります。頂上まで行かなくても、多くのよろこびや成功を見つけることができます。

そのことを自分の潜在意識の深いところに身をもって教えてあげる体験として、頂上を目指さない山登りを試してみませんか？

「愛」を知ることで人は自分を癒すことができる

【ワーク⑤】毎日自分の癒し体験を書き出す

ここまで「自分を癒す」ことについてさまざま紹介してきました。

しかし、まだまだ「自分を癒すって、いまいちわからない」「自分を癒すには、具体的にはどうしたらいいんですか？」と思う方もいるかもしれません。

そこで、自分がどんなときに「癒されたな」と思うのか、書き出してみませんか？「癒されたな」と感じるのは、日々のなんでもないちょっとしたことかもしれません。

私なら、次のようなときに「癒されたな」と感じます。

・誰かに笑顔を向けられたとき
・美味しいものを食べたとき
・森林浴をしたとき
・砂浜でのんびり寝そべっているとき

・海でサーフィンをしたとき
・大好きな人にハグをしてもらったとき
・瞑想しているとき
・温泉でのんびりしているとき
・猫のふわふわのおなかにモフモフと顔をうずめたとき
・マッサージを受けているとき

自分が「癒されたな」と思う瞬間は人それぞれです。

けれど、すべてに共通していることは、**「心や身体が緩んだな」と思ったときに「癒された」と感じる**のではないでしょうか？

そこで「自分を癒す」ために、「癒されたな」と思うことを書き出して、毎日一つで良いので生活の中に積極的に取り入れてみましょう。「癒されたな」と感じる時間を自分に与えて、自分の心と身体を緩めていくことに意識を向けてほしいと思います。

毎日、気づかないうちに緊張して、心も身体もカチカチになっていると、潜在意識の深い部分にある本当の思いを聞き取ってあげることが難しくなってしまいます。**生活の中に「自分を癒す」ことを取り入れる、**これをぜひ習慣にしてみてください。

究極の癒しはダメな自分を愛してあげること

自分を癒す方法はいろいろありますが、その中でも〝究極の癒し〟と言えるのは、**自分のネガティブなところを「認めてあげること」「受け入れてあげること」「愛してあげること」**です。

自分のネガティブな部分をすべて認めてあげる、これはなかなか難しいことです。誰でも、自分のダメな部分を見たり受け入れたりするのは、つらく、苦しいことだと思います。ましてや愛するなんて、と思う人もたくさんいるでしょう。

完璧主義という言葉がありますね。完璧主義の人は、「ダメな自分を許せない」「あの人には負けたくない」といった気持ちをたくさん持っています。ダメな自分でいると、「見下される」「バカにされる」「認めてもらえない」「愛してもらえない」などという気持ちが潜在意識に眠っているからです。

けれど、何もかも完璧な人が目の前にいたらどうでしょうか？　友達になりたいと思うでしょうか？　もしも完璧主義の人と友達になったら、きっとこっちが疲れてしまうと思います。

つまり、私たちは**完璧を目指す必要なんてない**ということです。私たちは、**完璧になるために生きているのではなくて、しあわせを味わうために生きています。**

ダメな自分のままで愛を受け取る

もしも「私って完璧主義のところがあるな」と思うのであれば、次の2つの言葉を自分に唱えてあげてください。

――ダメでいい。

――負けていい。

完璧主義の人は、この２つの言葉を聞くと、身体がゾワゾワしてしまうかもしれません。

完璧主義の人は、これまで〝与える愛〟にばかり一生懸命になって、〝与えられる愛〟が苦手だったはずです。人に助けてもらおうなんて考えてもいなかったでしょう。

だからこそ、**今日からは自分の未熟さを受け入れるようにしてみてください**。これも「完璧でなくてはいけない」という潜在意識を見つめ直すきっかけになります。

人に助けてもらったり、甘えたり、それを「負け」だと勘違いしている人もいます。あなたが完璧を目指し過ぎて苦しんできたのは、そういった「負けたくない」という思いからなのかもしれません。

そう思える勇気を持つことができるようになれば、人としての器も大きくなっていきます。つまり、先ほどの**２つの言葉の真の意味がわかるようになったとき、まわりの人たちからの〝愛〟を受け取れる**ようになります。

超完璧主義の人にとって、この２つの言葉を唱えることは、とても大切な癒しのプロセスの一つです。

「愛されたい」気持ちが生み出すポジティブ偽装

完璧主義ではなくても、私たちには**子どもの頃からの「愛されたい」という強い思いがエネルギーの核にあります。**

そのために「すごく良い人にならなくちゃいけない」と、過剰にポジティブな自分を演じていたり、ポジティブ偽装をしていたりします。

一方でその逆もあります。良い人でいなければならないがために、何か問題が起きたときに、ものすごくネガティブな思考に陥って自分を責めてしまうこともあります。

こういった思考は、小さい頃からクセとして染みついてしまっています。このクセのような思考が、「本当はどんな自分になりたいのか」「本当はどんな現実を創っていきたいのか」という大事な思考の邪魔をしています。

そのために、ポジティブ偽装を生み出す自分、自分を過剰に責める自分になるのを防いで、**フラットな気持ちで自分を認め、受け入れ、愛してあげなければなりません。**

ポジティブ偽装防止、自分責め防止のためのワークが、次に紹介する「自分を知る」ワークです。

このワークをすることで「なるほど、こういう思考が現実を創っていたんだな」「私にとって心地よい思考に変えていこう」と客観的に、そして素直に自分を見つめ直せるようになっていきます。

【ワーク⑥】自分の良いところと悪いところを書き出す

自分を癒して、自分の思考の深い部分を探っていくことで、自分を知ることができるようになります。

どんな自分も受け入れてあげられるようになるためには、自分自身を〝裁かない〟ことが大切です。**自分を裁判にかけない、自分をジャッジしない**ということとです。

そうすると、自分の思考がもっと楽になって、まわりのこともっと受け入れられるようになっていきます。

そこで、自分を裁かないようになるために実践したいワークを紹介します。紙とペンを用意して、始めてみましょう。

1. 自分の良いところを10個書き出す

2. 自分の悪いところを10個書き出す

3. 1の良いところを「悪く言えば」どんな言葉になるか考えて、それぞれ書き出す

（例）やさしい↓優柔不断かも

活発↓うるさいかも

友達がたくさんいる↓個人レベルではあまり深くおつき合いができていないかも

4．2の悪いところを「良く言えば」どんな言葉になるか考えて、それぞれ書き出す

（例）すぐに人を疑ってしまう↓人に騙されにくいかも
つい悪ふざけしてしまう↓ノリが良いかも
不安に思うことがたくさんある↓リスクヘッジができているかも

61ページでも似たようなワークを行なっていますが、良いところも悪いところもあって、その良いところが悪いところでもあって、悪いところが良いところでもある、ということに気づくことが今回のワークの目的です。

このワークを行なうことで、どんな自分も認め、受け入れ、愛することができるようになっていきます。

私たちは、自分のこと、まわりの人のことをすぐに裁いたりジャッジしたりしがちです。そして、ジャッジすることで苦しんでいます。

良いところと悪いところ、その逆を書き出すことによって、ネガティブでもポジ

自分の良いところと悪いところを書き出すワーク

1. 自分の良いところを10個書き出す

2. 自分の悪いところを10個書き出す

3. 1の良いところを「悪く言えば」どんな言葉になるか考えて、それぞれ書き出す

4. 2の悪いところを「良く言えば」どんな言葉になるか考えて、それぞれ書き出す

ティブでも、それぞれの思考を創り出す潜在意識を見つめ直しやすくなります。これが、思考の現実化をうまく使いこなすポイントです。

ジャッジをやめるには まわりの評価を気にし過ぎないこと

メンタルの浮き沈みが激しくて疲れてしまうという人は多いでしょう。そもそもなぜメンタルは上がったり下がったりするのでしょうか？

それは、**他人の評価を気にし過ぎている**からです。

誰かに褒められてよろこんで、次には批判されてガクンと落ち込む――。まわりに自分がどう思われているのか、どう扱われているのか、といったことに一喜一憂しています。中でも〝批判の声〟がとくに気になっているのだと思います。

では、なぜまわりの人の評価や視線が気になるのでしょうか？

これも、現実は自分の思考から創られている、ということを考えればすぐに答えは見つかると思います。

そうです。**自分自身が今までまわりの人を散々ジャッジしてきた**からです。とはいえ、長い人生の中で誰だって誰かを批判したくなったり、否定したりした経験はあるでしょう。それは仕方のないことです。

だからこそ、仮に自分が誰かに批判や否定をされたとき、次のように思い直してみてほしいと思います。

「私だって、考え方を否定してきた人がいるよね。いろいろな価値観の人がいるのだから、まわりの人全員が私のことを100％認めて、受け入れて、愛してくれることを求める必要はないよね」

といった具合です。全員に称賛される必要はありません。むしろそんなことが現実にあったら気持ち悪いと思いませんか？

自分の意見に賛成してくれる人、自分に好感を持ってくれる人、自分に意見する人、自分にあまり好感を持ってくれていない人――。そんなふうに自分に対して、いろいろな意見や思いを持っている人がいることのほうが自然だと言えます。

自分がどう思われるか、どう扱われるかにナーバスになり過ぎず、自分のやりたいことをやって人生を味わおう、一喜一憂しないで自分のことを長い目で見ていこう、と決意してみてください。

【ワーク⑦】自己受容のための誘導瞑想

自分やまわりの人をジャッジせず、受容しやすくなるためのワークに取り組んでみます。ひととおり読んで、心を落ち着かせてから瞑想を始めてみましょう。

そっと目を閉じます。
身体をゆったりとさせ、背筋を少し伸ばしてください。
3回深呼吸をします。
とてもゆったりとした気分になってきます。身体全体があたたかい感じもしてきます。
ここで、あなたのまわりの人をランダムにできるだけたくさん思い浮かべてみましょう。その人たちはどんな表情をしていますか？


笑っていますか？　それはどのくらいいますか？

怒っていますか？　それはどのくらいいますか？

悲しそうですか？　それはどのくらいいますか？

幸せそうですか？　それはどのくらいいますか？

不安そうですか？　それはどのくらいいますか？


思い浮かんでいる人たちの表情は、今の自分の潜在意識の状態を表しています。

次に、その自分の分身である人たちに微笑みかけてみましょう。どんな表情の人でも、みんな笑顔を返してくれます。この感覚をしばらく味わってみましょう。

自分の世界は自分が創り出しています。その安心感の中で生きていきましょう。


それでは、周囲の音や物、そして自分の身体に意識を戻します。意識が戻ったら、ゆっくり目を開けて、瞑想を終えます。

幼少期の思考は身近な生き物に体現される

「自分を知る」ための手掛かりとして、たとえばたまたま出会う生き物にも「自分」が表れていることがあります。

私は以前、千葉県香取市の香取神宮に一人で参拝したことがあります。そのとき、一匹の子猫と出会いました。その子猫はぐったり倒れている状態でした。目ヤニで目は開かないし、鼻からは膿《うみ》のようなものが出ているし、目視できるだけでも身体にノミがいっぱいついていて……。

このまま放って帰ったらこの子猫は死んでしまう——。そんなことをしたら私は一生後悔すると強く思いました。かなり汚い子猫ではありましたが、私は「エイッ！」と連れて帰ることにしました。

帰ってきてすぐに動物病院に連れて行き、身体を洗ってあげたり薬を飲ませたりすると、日に日に元気になって大きくなって、今ではふさふさのきれいな子になりました。拾ってきて本当に良かったと思っています。この子には「リーナ」と名づけました。

それでは、リーナに私のどんな思考が体現されていたのでしょうか？

私は、子どもの頃から動物を拾ってきて家で飼うことがよくありました。

けれど、拾ってきた動物が具合が悪くて亡くなったり、病気で身体が弱いまま生活を続けたりといったことが続いていました。

そのため、拾ってきたペットが短命で亡くなってしまうというネガティブな思考が私の中に長年溜まっていたのです。しかもそこには「自分のせいで」という意識が少なからずあったように思います。

それだけでなく、私自身も「死んだほうがマシだ」「長生きするよろこびって何？」などとよく考えていました。心の中が暗くていじけた子どもだったのですね。

つまり、香取神宮で出会った瀕死のリーナは、そういった私の子どもの頃からの思考の表れだったと言えます。けれどリーナは、子どもの頃に拾ったペットたちとは違って、今は元気いっぱいに暮らしています。

「人生っておもしろくて楽しいよ」「生きているって素晴らしいことなんだよ」という気持ちが、私の潜在意識の中で増えてきている証しです。

子どもの頃の私の思考がみるみる回復して、私の状態がとても良くなっている、そんなことをリーナが教えてくれています。そう考えると、家の中で走り回るリーナを見るとうれしさが込み上げてくるのです。

第4章

思考の豊かさに気づいて世界を再構築する

実現したい願望は人とのつながりで現実になる

思考が現実化するスピードは人それぞれ

ここまで思考の仕組みを学ぶにつれて、安心した気持ちが増えてきた人もいるでしょう。

その一方で、「まだ全然変わっていない」と焦っている人もいるかもしれません。

しかし、変化のスピードは人それぞれ。人生はまだまだ長いのです。慌てる必要はありません。

次に挙げることを振り返りながら、少しずつ安心感を増やしていきましょう。

・良い自分も悪い自分も曖昧な自分も受け入れて癒してあげる

・自分の罪悪感を認めてネガティブなところを受け入れる
・「こんな自分はダメ、許せない」と自分を厳しくジャッジしない
・まわりの人に対しても批判や否定をしない

私たちは今まで、ネガティブな思考を雑に扱ってきました。だから、たくさんのネガティブな思考が溜まっている状態です。しかし、そもそもネガティブというのは決してダメなものではありません。**ネガティブを受け入れて安心感を増やしていくことができる**ようになれば良いのです。すると、次にはいよいよ自分がほしいものを感じたり、気づいたりできるようになります。

本章からは、思考をしっかりと現実化していくステップに入ります。私はこれを**「私の世界の再構築」**と呼んでいます。

人と心からつながる「オープンハート」の思考

ここからのテーマは、**「自分にしあわせになる許可をする」**というものです。

ただし、第2章でもお伝えしたように、ここでも罪悪感をいつまでも引きずっている状態だと、なかなか自分にしあわせになる許可は出せません。

罪悪感を持っているとまわりの人の目が気になって、「あの人にこんなふうに思われたらどうしよう」「もしも嫌われたらどうしよう」と、結局自分をがんじがらめにしてしまうからです。

誰かに愛されたいがために自分が不幸であり続けることで、相手に罪悪感を持たせてしまうことだってありえます。「自分を不幸にするあの人はひどい人」「自分に寂しい思いをさせるこの人は自分勝手な人」などと決めつけていると、自ら心にシャッターを下ろすことになってしまいます。

これからも罪悪感を認め、癒し、手放していきましょう。

私たちは、世の中にありとあらゆるたくさんの人たちを創り出しています。これは、自分に自分の今の状態を教えてくれるために、まわりの人たちが現れてくれているわけです。

だから、そのまわりの人たちを敵視するのではなく、味方につけてください。そして、**人と心からつながる「オープンハート」の状態を創り出していくこと**が大切です。

夢や目標も人とのつながりの中で現実化していきます。

自分の変化には気づきにくく他人の変化には気づきやすい

夢や目標、ほしいものを手に入れていくためには、**「まわりの人の声を素直に受け取る」**ことが大切です。

そもそも、人間は自分の変化に自分で気づくことはなかなか難しいものです。そんな中で私たちは、自分の思考をつねに現実化させ続けています。しかし、これに気がつく人はなかなかいません。

一方で、他人の変化には案外気づきやすいと思いませんか？

たとえば、「あの人、こういうところを直せば、とっても良い人なのにねえ」「あの人は誰にでも優しくて、人に嫌な思いをさせない人だわ」など、人のことをあれこれ言っていませんか？　みんな、他人のことは手に取るようにわかるものです。

裏を返せば、自分の良いところ、悪いところ、改善すべきところ、そして自分が変化したところなどは、まわりの人も気づいてくれているということです。だから、**まわりの人が自分にかけてくれる言葉を素直に受け入れて、参考にしていくこと**が大切だと思います。

そうして自分の変化にどんどん気づいていったほうが、良いところをもっと伸ばせたり、悪いところを改善できたりします。

まわりの人の変化を注意深く見ていく

まわりの人の変化に気づくことが得意な私たちですから、そのまわりの人のさまざまな変化を注意深く見ておくことも大切です。

今までは、まわりに「愚痴を言う人」「文句を言う人」「自己否定する人」などが多かったのに、気がつけば最近は「人のことを褒める人」「人生を積極的に頑張っている人」などが増えてきたと感じたら、自分の潜在意識がどんどん変わっている証拠です。

たとえば、独立してやりたい仕事を極めたいと思っていたとします。本業と副業を見事に両立させている人、自営業でしっかり稼いでいる人などが自分のまわりに現れたとしたら、それは自分自身の独立という夢に近づいている証拠です。

結婚したいと思っていて、結婚している人や、良い人を紹介してくれる人が現れたときももちろん、自分も結婚に近づいている証拠です。

うれしい変化が自分のまわりにたくさん現れるようなら、自分の潜在意識に良い思考が溜まってきているというサインです。もしも、**嫌な変化が多いと感じるなら、自分の中に減らしたい、見直したい思考がある**と思ってください。いずれにせよ、まわりの人が発してくれるサインを見逃さないようにしてください。

まわりの人の変化に気づいて、自分の変化にもしっかり気づいていくようにしましょう。

思考パターンを変える意識

新しい流れは自分自身が用意したもの

よくまわりの人から発せられるサインを観察していくと、近くに現れる人の「質」が変わってきたと感じるようになっていきます。

今まで経験したことがないようなパーティーへのお誘いを受けたり、新しい業界とのおつき合いが始まったり、行ったことがないような場所に連れて行ってもらえたりなどです。

あるいは、今まではつき合ってこなかったような、自分とはまったく違うタイプの人と友達になったり、自分がこれまで生きてきた世界では到底出会えなかったような人と知り合いになれたり――。

これらは、**すべて自分の〝思考パターン〟が変わってきている**と考えてください。そして**新しい流れが始まっている**という証拠です。この新しい流れを用意したのも、もちろん自分自身です。

だから、怖がったり疑ったりすることなく、その新しい世界に「エイッ！」と思い切って飛び込んでみてください。素直な気持ちでまわりの人の声を聞いて、受け入れてみましょう。

これまでは味わえなかった素晴らしい変化や新しい変化から、自分の素晴らしい変化や新しい変化を感じましょう。その結果、自分にぴったりな天命のような物事、人に出会うことができます。

褒められたら素直に「ありがとう」と言う

こうして良い思考がどんどん溜まってくれば、まわりの人に褒められることも増えていきます。ほとんどの人が、実際に顔つきや身なり、行動も良いほうに変わってくるからです。

しかし、せっかく人に褒めてもらっても、「それほどでもないですよ～」「いえいえ、とんでもない！」などと謙遜《けんそん》してしまいますよね。そんなときは、こう考えてみてください。

自分のことを褒めてくれた人も自分の思考からできている、ということです。「あなたの素直なところが素敵だと思っているよ」「あなたの真面目なところを尊敬しているよ」などと、褒めてくれた人の声を通して、自分自身を肯定する潜在意識の声を聞いているというわけです。

「自分の素晴らしさを認めていきたいという思考が溜まってきているんだな」と考えて、「ありがとうございます」と素直に受け入れてみましょう。

「いえいえ、そんなことありません」を「ありがとうございます」に変えるだけです。とてもシンプルで、思考を現実化させる行動としては、地味とさえ思える習慣かもしれませんが、潜在意識にとってはとてもうれしい行動です。

こうした行動の積み重ねで、自分を肯定する思考を一つずつ増やしていき、自分自身の良いところを認めてあげられる自分になっていきましょう。

さらにこの作業を続けていくと、これまでついやっていたまわりの人へのちょっとした虚勢や意地悪もなくなっていきます。

自信がないからこそ堂々とする

褒め言葉を素直に受け入れたり、自分のことを肯定するのは「自分に自信がなくてできない」と言う人がいます。

もちろんそのとおりで、自分に自信がないときは、自分のことを肯定できません。そのためにまわりの人になんとか肯定してもらおう、認めてもらおう、褒めてもらおうとする意識が湧いてきて、虚勢を張るような少し変な態度を取ってしまう人も多くいます。

あるいは「自分がちょっとくらい悪いことをしても、この人は自分を受け入れてくれるかな」と、試すようなちょっとした意地悪を人にしてしまうこともあります。

そんな自分になりたいと思う人はいないと思います。

だから**褒められたときには、自信がないからこそ、素晴らしい自分自身に出会ったと思って「ありがとうございます」と受け入れてください。**

もしも、自分の嫌な部分が見えてしまったときには、そこに気づけたことにまずは「ありがとう」と思って、ストップさせれば良いだけです。

そうすることで、いちいちまわりの反応に一喜一憂することもなくなります。

【ワーク⑧】寝る前に自分の素敵なところを3つ書き出す

毎日寝る前に、その日起こった良かったこと、素晴らしかったこと、感謝したことなどを日記として書き記しておく人もいると思います。このワークでは、それと合わせて自分の素敵なところ、自分の良いところも毎日3つずつくらい書き出すようにしてみます。ポジティブな思考のまま眠るということは、潜在意識を変えていくのにとても大切なことです。

私は、寝る前だけでなく、1人でカフェにいるときなどの**ホッと落ち着く場面で、自分の素晴らしいところを点検する**ようにしています。

このような積み重ねによって、「誰かに褒めてもらおう」とする気持ちを過剰に増やすことがなくなり、自分の素晴らしい変化に、自然に気がつけるようになります。

そして、心穏やかに安定した毎日を創っていくことができるようになります。

自分の素晴らしい点に気づく、素晴らしい点を認めてあげる、これは自分を大切にするという作業です。ぜひ、心にとめて毎日の習慣にしていきましょう。

未来への不安を希望に変える

なぜ人は不安に駆られるのか？

自分やまわりの人の変化に気づき、自分自身の素晴らしさを認め、しあわせになる許可をする――。とは言っても、なぜかいつも漠然とした不安にかられる人も少なくないと思います。

そもそも私たちが不安を感じやすい理由は、この先の未来がどうなるかわからないからです。いろいろなことに対して「○○になれば安心。それを得られないなら不安」だと感じています。

身近なところで言えば、病気や事故のリスクに過剰に不安を覚える人がいます。そのためか、世の中にはたくさんの保険会社と保険商品がありますよね。がんや長期入院、認知症、事故、死亡、就業不能など、カバーしてくれるリスクはさまざまです。

それでも、生きていくうえで考えられるすべてのリスクをカバーするのはかんたんなことではありません。

また、公務員や大企業の社員なら一生安心だと思っている人もいらっしゃるでしょう。たしかに、毎月一定額のそれなりのお給料をもらえることは、一般的には「安心」と言えるかもしれません。

けれど、今の世の中、ずっと同じ会社で働き続けられるかなんて誰にもわかりません。突然、明日仕事を辞めなくてはならないことが起きることも絶対にないとは言い切れません。

お金もステータスも健康も命も安心も、永遠に守ってもらえる、安心をもらえるということはありません。

だから、私たちは絶対的な安心を保証されていないことに対して不安を感じてしまいます。そう考えると、あらゆることに無限に不安を持つことができてしまうというわけです。

不安も安心も「自由」に「無料」で持つことができる

しかし、不安におびえることはありません。次のように思考を変えてみるだけで、無限に湧き起こってきた「不安」を「安心」に変えることができます。

私たちは、**不安を「自由」に、そして「無料」で持っています**。まるで暇つぶしのように、つねに不安を想像してしまいますよね。もちろん、ある程度健全な量の不安予測、危険予測は問題ありませんが、何もかも先回りして、危険を回避しようと不安でいっぱいになると、自分がやりたいことやチャレンジしたいことまで制限することになってしまいます。

そこで思い出してほしいのが、私たちの思考は「自由」だということです。

どんな人も、これから先どうなるかなんて決してわかりません。その見えていないことに対して、「不安」を持つのか、「安心」を持つのか、どう思うかは私たち自身が「自由」に選べるというわけです。

私たちはこれまで長い間、「不安だな」と思うことを自分に許し続けてきました。これも思考のクセの一つだと言えます。膨大な量の不安という思考が潜在意識の中に溜まっているのです。

このまま不安な思考を持ち続けていくのではなく、安心と思える現実を創っていくために、**何か起こるたびに「安心だね」とつぶやいたり思ったりしてみる**ようにしてください。

これも、不安に思うことと同様に「自由」に「無料」でできることです。この積み重ねで自分の思考を取り換えて、希望に満ちた人生を動かしていくことができるようになるでしょう。

このような小さなことをあなどらずに素直に実践できる人が、本当に現実を変えていくことができます。ぜひ、実践してみてくださいね。

調子の良いときに現れる思考の現実化を邪魔する人

ここまで思考が現実化する仕組みを知っていくと、自分の目標や夢の実現に近づいていることを感じる人は多くなるでしょう。

しかし、こうしたときに、たいていその夢の実現を邪魔する人が現れます。それが**「ドリームキラー」**です。

「独立してこんな仕事をしようと思うの」

「独立なんてそんなかんたんなことじゃないよ、やめときなよ」

「あの人との結婚を考えているところなの」

「あの人は、なんとなく自由奔放な感じだし、将来が不安定じゃない？」

「アメリカに行って語学を身につけてくるわ！」
「英語なんてほとんど話せないのに、いきなりアメリカに行くなんてハードルが高すぎるよ！」

こんなふうに、何かに挑戦しようとしていたり、目標に向かって進もうとしていたりすると、なぜか自分を否定してくるドリームキラーが現れます。

ドリームキラーに対して、「そんな意見に耳を貸す必要はない」「恐れずに自分の思った道を進めばいい」などという教えもよくあります。

しかし、思考が現実化する仕組みを学んだ私たちは、少し違った視点でドリームキラーを見ていきましょう。

ドリームキラーは大切なメッセンジャー

ここまで何度もお話ししていますが、自分のまわりの人は１００％自分の思考からできあがっていると考えます。そう考えると、**自分の目標や夢、あるいは自分の意見に対して否定してくる人、心配の声をかけてくる人たちも、自分自身の隠れた思考**であることがわかりますよね。

私たちは、何か大きなことに挑戦したいと思う一方で、「失敗したらどうしよう」「うまくいかなくて批判されたらどうしよう」などといった不安や心配な気持ちも持ち合わせています。

その思考がドリームキラーとして現れていると考えてみてください。つまり、**ドリームキラーは「夢を壊す人」ではなく「自分の思考を見せてくれる人」**なのです。

ドリームキラーが現れたときには、「じつは私が心配していること、怖がっていることを見せてくれたんだね。ありがとう」と自分の潜在意識にお礼を言うようにしてみましょう。

そして、夢や目標に対して、なぜ心配しているのか、なぜ不安に思っているのか、なぜ怖がっているのかを整理してみます。

もしかすると、まだまだ準備不足なのかもしれません。それなら、必要なことをそろえて慎重に物事を進めれば良いでしょう。

あるいは、まだ覚悟ができていないのかもしれません。それなら、怖い気持ちを受け入れて、しっかり落ち着いて丁寧にやっていこうと決めれば良いと思います。

ドリームキラーは自分への大切なメッセンジャーです。自分を否定してくる人、批判してくる人を敵視せず、それがどういうことなのかをよく考えてみましょう。

どんなに確執があっても親は夢を壊す存在ではない

ドリームキラーについて、加えてお伝えしておきたいことがあります。

自分のことを否定してきたり反発してきたりする人がいるという点において、自分の「親」がドリームキラーであると感じている人も多くいるのではないでしょうか？

自分の親となると、感情はよりヒートアップしてしまうもので、「敵だ！」とまで思っている人もいるかもしれません。

58ページでもお伝えしていますが、私たちが子どもの頃の脳は未発達の状態で、

「快」か「不快」かで物事を捉えています。親が愛情を込めて叱ってくれたことも、子どもの頃の自分は「不快」な記憶（思考）として、潜在意識に溜め込んでいます。

この状態のまま大人になると、世の中にいる大変な思いをしている人、ひどい扱いを受けている人に、思いを強く寄せてしまうことがあります。「世の中にはひどい親がいるよね」「子どもの夢をつぶす親っているよね」「そんな親に負けないで生きていこうよ」と感情移入してしまうのです。

けれど、これはたんなる自己投影です。子どもの頃に親に対する葛藤があった場合、「私は寂しい思いをしてきたんだ」「私はかわいそうなんだ」という気持ちを潜在意識の中に隠し続けてしまったがために、まわりのかわいそうな人に必要以上に感情移入をしたり、ニュースで悲しい事件ばかりを見る自分を創り出したりしています。

思考の仕組みを知っていれば、かわいそうな人がまわりに現れたときには、**「過去の自分の思いを見せられているんだな」**と思うことができますね。

ハワイの癒しの手法「ホ・オポノポノ」でも、すべての物事や感情は過去の記憶からできあがっている、と言っています。

もしかすると、大人になった今でも親との葛藤を抱えている人もいるかもしれません。そういうときは、**少しずつ時間をかけて、「親は夢を壊す存在じゃない」と納得していってほしい**と思います。

そして、親以外でも自分のことを否定してくる人に対して「ひどい人たちだ」という解釈で終わらせるのではなく、自分の中の怖さ、無理だと思っている気持ち、じつはやりたくないという思い、これらが潜在意識の中に隠れているからだと考えてみましょう。

ドリームキラーのことがしっかり潜在意識として腑に落ちれば、世界が敵ではなくなっていきます。そして、とても安心だと思える世界で生きられるようになっていくでしょう。

【ワーク⑨】しあわせになる許可を出す誘導瞑想

潜在意識に溜まっている思考から、私たちはまわりの人や自分自身を批判したり否定したりしてしまいます。そんな自分を受け入れることで、しあわせになる許可を出すことができます。

ここで、しあわせになる許可を出すための誘導瞑想を紹介します。最後まで目をとおしてから瞑想を始めてみてください。

そっと目を閉じます。

身体をゆったりとさせて、背筋を少しだけ伸ばしてください。

3回深呼吸します。

ここで、だんだんとゆったりした気分になってきます。身体もあたたかい感じがしてきます。

あなたの目の前に大きな森があります。その森へと続く道があなたの足もとから続いています。

その小道をゆっくり森に向かって歩いてみましょう。

道の両端には、色とりどりの花が咲いています。鳥のさえずりが聞こえてきます。そよ風がとても心地よく、森に入ると木漏れ日がちらちらと見えて、とても気持ち良く感じます。

森の中を進んでいくと、小さな広場が見えてきます。

その広場に誰かがいます。その人のそばまで行ってみましょう。

優しい微笑みをかけてくれるその人は、あなたのことをはるか昔からずっと見守り続けてくれている人です。

その人の顔をそっと見てみましょう。

その人はあなたに向かって優しく語りかけます。

「今すぐしあわせになっていいよ」

この言葉を聞いて、あなたは素直に受け取ることができるでしょうか？

もし受け取れないと感じたなら、なぜ受け取れないのか、あなたをずっと見守り続けてくれているその人に告白してみてください。

すると、あなたを見守り続けてくれているその人はこう言います。

「それでも今すぐにしあわせになりなさい」
「今すぐしあわせになっていいんだよ」

私たちは、いつも他人への批判や自分への批判で苦しみ、自分にしあわせになる許可を出せないでいます。それでも、批判やジャッジをしている自分をまるごと受け入れ、愛し、許してくれる存在が、じつはつねにあなた自身の中に存在しています。

もうジャッジに苦しむのはやめましょう。

完璧なまわりの人たち、完璧を求めることは、あなたをしあわせから遠ざけてしまいます。優しい気持ちで、今すぐしあわせになる許可を自分に出してみてください。

「今すぐしあわせになっていいよ」

素直な気持ちでこの言葉をあなた自身に言ってあげましょう。

さて、そろそろ帰るときがきました。

最後に、目の前にいるその人の目をじっと見つめてください。そして「ありがとう」と言ってください。

そして、来た道を帰ります。森を通り抜け、木漏れ日が見えるところまで戻ってきて、最初に出発したところが見えてきます。

今あなたのいる部屋の音や物に意識を戻していきます。

ゆっくりと目を開けます。瞑想の終わりです。

誰かを信じることで人生は好転していく

「自由」と「責任」のイメージを見直す

つねに自分がほしい物やしあわせを手に入れようとしていても、なかなか自分のやりたい方向に進まない、まわりの状況がなかなか整わない、応援してくれる人も、かと言って邪魔をしてくる人すら現れないということがあります。

こんなときには、**「自由」と「責任」のイメージを見直してみると、物事がスムーズに進んでいく**ようになります。

「自由になりたい」「自由が好き」と言う人は多いと思います。「自由」という言葉を聞いただけで、とても良い気分になりますよね。

では、「自由」という言葉に対して、どのようなイメージを持っていますか？

「好き勝手に振る舞う」というようなイメージを持っていませんか？

こういったイメージを持っていると、物事はスムーズには進んでいきません。なぜなら、好き勝手に振る舞うということは、たんにまわりに迷惑をかけることになるからです。

では、どのようなイメージを持つことが良いのでしょうか？　それは**「自由」＝「自分で決める」**というイメージを持つことです。

ただし、「自分で決める」ということをするのであれば、次には「責任」を取らなくてはいけません。

しかし、私たち人間は、自分で責任を取るということを嫌う生き物です。「あなたが決めたのだから、あなたが責任を取りなさいよ」といった具合に、「責任を取る」＝「責められる」という感じで捉えてしまいますよね。

しかし、私たちは〝思考を見直す〟ことができます。ここで、「責任」という言葉のイメージも見直してみましょう。

「責任を取る」ということは、じつは「人に信頼される」ということです。

責任がある人は真剣に物事に取り組むため、実力が備わります。すると、信頼を得て地位がついてきます。地位がつけば豊かさが巡ってくるようになります。そうして、リーダーシップを取ることができるようにもなるでしょう。本当のリーダーシップとは、**〝自分で決めて信頼を得る〟**ことです。

「自由」とは、「自分で決めること」。
「責任」とは、「信頼を得ること」。

「自由」と「責任」に対するイメージを見直してみると、自分自身の器もきっと広がっていくことでしょう。

どうやっても人生が好転しないのは人を見下しているから

ここまでお伝えしてきたことを吸収して、いろいろなことを心掛けたり頑張ったりしているのに、なかなか人生が好転していかないと、まだ苦しんでいる人がいるかもしれません。

そんなときに今一度思考を巡らせてみてほしいことがあります。それは、**自分でも知らず知らずのうちに、まわりの人を見下していないか**、ということです。

私たちは、心の中でまわりの人を見下してしまうことがよくあります。

「あの人よりはマシ」と思うことで、自己否定してきた自分の存在価値をなんとか保とうとするのです。

しかし、ここまで思考が現実化する仕組みを学んできたあなたならもうおわかりでしょう。人を見下すことがクセになっていると、結局、人に見下されることが世の中から受ける自分の扱いにもなってしまいます。だから、なかなか人生は良い方向に向かってくれません。

今、この瞬間でも、ふと気づいたときでも構いません。**「私は人を見下していないかな？」**とチェックしてみてください。それだけでも、人生はかなり好転していくと思います。

人生に絶望を創り出す「あきらめの思考」

人によっては、そもそも「やりたいことがわからない」「熱中できるものがない」「自分の使命とか天命とかわからない」という思いを持っていることもあるでしょう。

なぜ、情熱が湧いてくるようなものに出会えないのでしょうか？　それは、自分が思っている以上に、**「あきらめの思考」**を強く持っているからです。

この思考を持っている人は、これまでの経験の繰り返しから、「どうせ何をやっても無駄」「私なんてたかが知れている」と、想像以上に自分に絶望してしまっています。

けれど、誰でもそんな自分を自覚したくはありませんよね。だから、この場合は**自分の思考をなんとなくぼんやりさせてしまっている状態**だと言えます。その結果、**情熱ややる気が湧かないという事態**に陥っているのです。

こんな人は、すごく根暗な自分、すごくいじけている自分がいるということをしっかり認めてあげることが大切です。これができないままでいると、まわりの人に

「そんなことないよ」と言わせるようなセリフを無意識でポロッと吐いてしまいます。

「私って、何をやってもうまくいかないなあ」などとつぶやいて、「そんなことないよ。あなたならできるよ」と、言わせるのです。

ところが、そんなふうに言わせておいて、「そうか、そんなことないんだ」とも思いません。やっぱり「そんなお世辞を言っちゃって」としか思わないのです。

「そんなことないよ」とまわりの人に言わせることで、自分が愛されているかを確かめているだけです。このままでは、どこまでいっても満たされないままですよね。

自然に情熱を湧き起こすためにできること

情熱が湧かない人は、いじけている自分と正々堂々向き合ってみてほしいと思います。

「自分はどうせ○○だし」というネガティブな思いを、紙にありありと書いてみるようにしてください。「ああ、私、こんなふうにいじけていたのね。○○だし、△

△ができないし、□□がダメなんだって、自分にダメ出ししていたんだな」と、できない自分を認めてみます。

そもそも、そこまで自分にダメ出しをするということは、潜在意識からしてみれば「完璧な人間になろうとしている」ということだと考えられます。けれど、どうして完璧な人間になろうとしているのでしょうか？　完璧な人間が目の前に現れたら、きっとつまらないと思いませんか？

人はみんなそれぞれ、できること、できないことが違っていて、人を助けたり人に支えられたりしています。自分が苦手なところ、できないところは誰かに助けてもらえば良いだけです。

「そんなことないよ」と人に言わせることにエネルギーを使うくらいなら、自分の素敵なところを見つけて、認めてあげることにエネルギーを使ってみてはどうでしょうか？　こんなとき、１１４ページで紹介した【ワーク⑧】の自分の素敵なところを３つ書き出してみることを積極的にやってみると良いと思います。

豊かさに気づき受け止める

豊かさはまわりの人や環境が与えてくれるもの

こうして自分で自分を癒してあげて、ネガティブな自分も認めていくようにしていくうちに、さまざまな豊かさが入ってくるようになります。

そもそも「豊か」とは何か考えたことはあるでしょうか？　広辞苑では「満ち足りて、心にゆとりのあるさま」とされています（『広辞苑 第七版』新村出／岩波書店より）。どんなことに自分は満ち足りて、心にゆとりを持たせることができるのか、よく考えてみてほしいと思います。

その豊かさをもっともっと受け取っていくために、まずは自分がどんなことに豊かさを感じるのか、紙に書き出して把握しておきましょう。何に豊かさを感じるかは人それぞれです。豊かさを享受するポイントが違います。

また、自分自身がまわりの人たちをどれだけ信頼できているかで、想像以上の豊かさを受け取ることができるかどうかが決まります。

想像以上の豊かさというのは、まわりの人や環境が与えてくれるものです。つまり、**自分のまわりに豊かさをもたらしてくれる人や環境があふれている、というイメージを持つことができるかどうか**ということです。

逆の場合で考えてみるとわかりやすいと思います。たとえば、「みんな私のことなんて嫌いなんでしょう」「どうせ私のことを裏切るんでしょう」「あなたたちのことなんて信頼できない」「どうせ最初だけ優しいんでしょう」などというふうに、まわりの人や環境を信頼できていなければ、豊かさを与えてもらえるはずがありません。その思考が現実化し続けるだけでしょう。

豊かさを受け取るには信頼ベースで物事を見ること

まわりの人を信頼しきれていないのは、過去に「裏切られた」といった経験があって、その思考が潜在意識の中で積み重なってしまったからかもしれません。けれど、誰かに裏切られたという現実を創ったのも、もとをたどれば、自分が誰かを裏切ってきたからです。もちろん、それは知らず知らずのうちに、かもしれません。

とはいえ、やっぱり「信じていたのに、裏切られたら嫌だ」という思いもありますよね。だから、私たちは誰かを信頼することを怖がってしまいます。

これは、「あなたが私を信じさせてくれるんだったら、私も信頼するよ」「あなたが先に誠意を見せなさいよ」と、相手を〝疑うベース〟で見てしまうことにつながります。これでは、まるで後出しじゃんけんです。このままでは、永遠に〝疑うベース〟から離れることはできません。

これからは**〝信頼ベース〟で物事を見ていく**と決めましょう。そして「まわりの人や環境を信頼する」「みんなを信じるのが好き」というふうに思考を変えていくのです。

ふと思い出したときに、**「信じることが好き」という言葉を唱えてみてください。**そうすれば、まわりの人や環境を必ず信じられるようになります。そして自分自身のことも信頼してあげようと思えるようになります。こつこつ唱え続けてみてくださいね。

誰かの価値観は自分の可能性を広げてくれる

仕事帰りの電車や旅行のために新幹線に乗っているときにまわりを見回すと、ほとんどの人がスマートフォンを見ています。何を見ているのかとチラッとうかがうと、ゲームをやっている人を多く見ます。

私はゲームをやらないので、最初の頃は「へえ、ゲームに時間を使う人がいるんだ」なんて思っていました。

けれど、あるときから、この人たちは仕事を終えて疲れて帰る途中、ゲームでリセットしているんだな」というふうに思えるようになりました。

ゲームに近いところで言えば、テレビもそうでしょう。テレビに興味がない人にとっては、テレビをよく見る人の価値観は理解できないかもしれません。しかし、テレビを見ることで気持ちをリセットしている人もいるかもしれませんし、テレビから多くの情報を得て仕事や人生に生かしている人もいるかもしれません。

私たちは、自分が信じている価値観とはまったく違う価値観に対して、つい否定するような気持ちが湧いてきます。けれど、**自分とは違う価値観を見せられているのは、「自分の中にもそれを選択する可能性があるよ」という潜在意識からのメッセージ**です。

私たちは、1人では経験し尽くせないことを、まわりの人を通して実現させています。だから、今はたんにそれを見せられているだけで、自分でもそれを選択する可能性があると捉えてみましょう。

大事なのは目の前に現れたものに対して、否定のジャッジをしないことです。否定ではなくて、潜在意識が見せてくれたものに対してまずは肯定してみます。それは、自分の可能性を広げてくれることでもあるからです。

そして、**まずは肯定してみるというクセをつける**ことで、自分が何かに挑戦しようとしたときに批判や否定をしてくる人が激減して、応援してくれる人が増えてくるはずです。

人をしあわせにするのは
自分がしあわせになってから

さまざまな思考の仕組みやワークを紹介してきましたが、これらに少しずつ取り組んでみると、その少しずつの積み重ねで人生が豊かに、楽になっていくと思います。

自分の心の重荷を人が降ろしてくれることはありません。けれど、**自分自身で心の重荷を降ろしていくことはできる**ようになります。

私たちは、子どもの頃、学校で思考の仕組みについて教えてもらう機会はありませんでした。もしも、もっと早く思考の仕組みを教えてもらっていたら、こんなに苦しむことはなかったかもしれません。

けれど、**大人になってからでも、気づいたときから人生を変えることはできます。**

なぜなら、**思考は一生使い続けるもの**だからです。思考の仕組みに気づけば、それを自分が変わるきっかけとなる材料にしていけることでしょう。

「自分をしあわせにしてあげるぞ」という覚悟が決まった人から、自分を本当の意味でしあわせにしてあげることができます。

そして、自分をしあわせにできた人から、まわりの人をしあわせにするお手伝いもできるようになります。

【ワーク⑩】見えない愛に気づくための誘導瞑想

本章の最後に、この世界の見えない愛にあらためて気づくための瞑想に取り組んでみましょう。

毎朝目が覚めること、息ができること、これまで生きてこられたことなど、どれも当たり前のことではありません。この気持ちを忘れずに、次の説明に最後まで目をとおしてから瞑想を始めてみてください。

そっと目を閉じます。

身体をゆったりとさせて、背筋を少し伸ばしてください。

３回深呼吸します。

だんだんとゆったりした気分になってきます。身体もあたたかい感じがしてきます。

あなたは、今までたくさんの人たちとのかかわりの中で生きてきました。

素敵な出会いや驚くような出会い、さまざまな人たちとのかかわりの中で、あなたの心は育ちました。

うれしいこと、楽しいこと、悲しいこと、腹立たしいこと。

いろいろな経験をしてきたと思いますが、それらのたくさんの経験の中から、今まであなたが見過ごしてきてしまった〝愛〟をこれから探しに行きます。

あなたは生まれてから今日まで、生きてくることができました。これは当たり前のことではありません。たくさんのご先祖様が命をつないでくれました。そして、生まれたてのあなたを誰かが世話をして生かし続けてくれました。

学校へ行き、文字も読めるようになって、身体も自由に動いて、ごはんも食べることができます。息を吸うことができます。太陽の光を浴びて、「あたたかいな、気持ちいいな」と感じることができて、人の優しさに触れては「ありがたいな」と感じる心もあります。

これらすべては決して当たり前ではありません。どれもみんな奇跡のような素晴らしい経験です。当たり前ではないことを知って、もっとよろこびと感動を持って世界を味わっていきましょう。

あなたが、今足をつけているその足もとには、大地があり、地球があります。

地球の中心に思いを向けてみましょう。

そして、今度はあなたの頭の上、部屋の天井を超えて、空の彼方、宇宙に思いを向けてみましょう。

地球の中心も宇宙の彼方も、実際に今の私たちには目で見ることはできません。それでも、潜在意識の世界ではみんなつながっています。

地球の中心と宇宙の彼方と潜在意識は同じ世界です。目には見えない、触れることもできないけれど、いつも確実にあなたを守って、愛し続けてくれています。

無償の愛を注ぎ続けてくれています。

地球の中心、宇宙の彼方、潜在意識、これらの見えない愛に感謝の思いを送ってみましょう。

ありがとう。ありがとう。ありがとう。

この感謝の思いが、やがてあなたを愛し守ってくれる人たちを創り出していきます。

あなたの世界はあなた自身が創り出しています。安心の中で生きていきましょう。

それでは、周囲の物や音、そしてあなたの身体に意識を戻します。

目を開けてください。瞑想は終わりです。

あらゆることに感謝する『ザ・マジック』を読む

2013年に発売された『ザ・マジック』(KADOKAWA)というロンダ・バーンさんが書いた本があります。「あらゆることに感謝しましょう」という内容で、28日間の感謝のワークが実践できる1冊です。

この感謝のワークに取り組めば取り組むほど、いかに自分が感謝することなく、不満ベースで生きてきたんだろうということがわかってきます。

感謝をしているとき、私たちは被害者にはなり得ません。感謝をして被害者意識をいかに減らしていけるかどうかで、楽で安心に生きられるかどうかが決まります。

私は物事をリセットしたいとき、新たな気持ちで何かを始めたいとき、『ザ・マジック』を必ず手に取ります。そして、感謝のワークをやり直します。

そうすると、不思議とシンクロニシティや偶然の一致が増えていくのです。シンクロニシティが増えるということは、潜在意識と顕在意識がすごく仲良くやっている状態です。

ぜひ、『ザ・マジック』の感謝のワークを何回でもやっていただきたいと思います。

第5章

【Q&A】潜在意識を見つめ直すヒント

家族や友人、健康、仕事、お金など、誰でも多かれ少なかれ悩みや問題を抱えているものですよね。そういった悩みや問題も、すべては自分の思考の一部です。

自分の思考が創り出しているという視点で見ていくことができれば、いずれ悩みや問題は解消されて楽な気持ちになっていきます。

本章では、私の講座を受けてくださった方から寄せられた相談に、実際にお答えした事例を紹介していきます。
※一部、アレンジを加えて編集しています。相談者は仮名です。

家族・人間関係の悩み

父親を「最低」と思ってきたことと離婚協議中の夫の関係

Q

離婚協議中で、夫のことについて向き合っています。夫は父親のイメージから創り出しているると思考の学校で学んだので、親とのことについて振り返ってみました。すると、やはり親に対して否定的な感情ばかりが出てきました。

とくに気になっているのが、私の「キョウ」という名前です。近所の方に、『京都で生まれたからキョウでいいや』って、お父さんが名前をつけたらしいよ」と聞かされたことがあります。そんな安易な由来のせいで、人からバカにされることもありました。だから、父に対しては「最低」「最悪」という思いがあります。

本当に名前が嫌なので、仕事では違う名前を使っているほどです。けれど、違う名前を使うことで、「日々、人に嘘をついている」という思考に気づいてきました。

また、私は高校生の頃、何度か万引きをしてしまったことがあります。それが母にバレて悲しませてきました。離婚原因の一つにも、勝手にお金を使って夫にバレたことがあります。夫には、「嘘つきだ！」と罵倒《ばとう》されました。

結局、私は、子どもの頃から似たようなことをずっと繰り返しているんだ

——など落ち込んでいます。（相談者・キョウさん）

A まわりのことは、自分の思考が100％創っていると考えると、自分自身の名前も〝親〟がつけたのではなく〝自分〟がつけたことになりますよね。まずは、なぜ自分に「キョウ」という名前をつけたのか、考えてみてください。

そもそもキョウさんは、お父さんに安易な理由で名前をつけられ、バカにされることに怒っているわけですよね。それは、キョウさんの潜在意識に親をバカにする思考がとても強くあるということです。だから、人からバカにされることにも強く反応してしまいます。

自分の中に「バカにする」「人を下に見る」という思考がなければ、「バカにされた」という出来事も起きません。

そしてキョウさんは、いろいろな現実を「お父さん最低！」というところから見てきています。最低なお父さんであることの証拠を集めるような現実しか創れないでいる状態です。

このままでは、自分が「最低」「最悪」を受け取ることになって、現実の世界でも「お前、最低なやつだな」と言われるようなことしか創れなくなってしまいます。

もう一つ、お金のことで嘘がバレて怒られることを繰り返してきたという点についてです。これは、**自分が愛されていないと思っている証拠**です。

万引きも嘘も悪いことだというのはわかっているけれど、繰り返してしまうわけですよね。つまり、「これでも私のことを愛してくれるの？」と、わざと悪いことをして相手を試しているのです。

この現実を変えたかったら、次のように考えてみてください。

「『お父さん最低！』ってすごく軽蔑してきたし、その証拠になるような現実しか創ってこられなかった。けれど、これからはお父さんを尊敬できるようになっていきたい、お父さんを大好きって思えるようになっていきたい。そういう自分になりたい」

このように「お父さん大好き！」という思考が増えていけば、まわりから聞こえてくるセリフや情報も、バカにされるものや腹が立つようなものではなく、別の良い情報に変わってくるでしょう。

また、**親に愛されてきたし、ずっと愛されているという感覚を自分の中でしっかり育てる**ことも大切です。

「私は親に一切愛されなかった」と信じている人は案外多いのですが、親に愛されていないはずなんてありません。愛をもらっていなかったら、今、生きていられるわけがないからです。愛情に触れないと赤ちゃんは死んでしまいますからね。私たちは、絶対にお父さんやお母さんに愛されてきたはずです。

「親に愛されてきた」という思考が増えてくると、子どもの頃に可愛がられていた写真が出てきたり、家族旅行に連れて行ってもらったときのお土産が出てきたりします。そして、「これでも私のことを愛してくれるの?」と、わざと悪いことをして相手を試すようなこともしなくなるでしょう。

キョウさんは、どうして自分に「キョウ」という名前をつけたのかなと考えてみること、お父さんに愛されてきたことを思い出させる私になりたい、と決意することから始めてみましょう。

お父さんは本当は一生懸命考えてキョウさんの名前をつけられたのだと思います。きっと照れ隠しで言ったセリフだったのではないかと私は思いました。

離婚を拒否する夫の感情は「私も家族を愛したい」という思考の表れ

Q

離婚調停を2回していますが、夫が離婚を拒否して2回とも成立しませんでした。夫は瞬間湯沸かし器のような性格ですぐにカッとなります。酒グセが悪くて手を出されたこともあります。

そこで、離婚が成立しない理由を思考から見直してみました。離婚が成立しないのは、子どもを養うためにお金が必要だから、夫の給料に私が執着しているのかなとも考えています。

夫になるべく感謝をするようにして離婚しないでやっていく方法も考えました。しかし、夫をいざ目の前にすると、感謝どころか自分から壁を作ってしまいます。

また、３人の子どもたちに、私たち夫婦の関係を見せられているような感じもしています。お兄ちゃんは妹２人に対して、「お前はこれができない」「これはやっちゃダメだ」などと言い、妹たちはお兄ちゃんに対して「何バカなことを言ってるの!?」などと言い返してケンカをしています。このやり取りは、まさしく自分が創り出したことなんだとも思います。

どのように思考を見直して、どう対処していけばいいのでしょうか？（相談者・チサトさん）

A チサトさんは、本当は家族みんなを愛したいと思っていますよね。

旦那さんは、いざ離婚を突きつけられると「別れない」と言うわけですから、お酒を飲んで暴れて「僕をもっと大切にしてよ」「これでも僕を愛してくれるの？」とわがままを言っている状態です。

じつは、その旦那さんの状態がチサトさん自身です。癒されない自分を旦那さんに見させられているわけです。チサトさん自身も「もっと私のことを愛してよ」と思っています。

また、子どもたちがチサトさんの目の前でケンカしていると、チサトさんは「みんな、もっと仲良くしてよ」と思いますよね。つまり、自分自身に「夫婦、仲良くしてよ」と言いたいということです。

本当に離婚しようと腹が決まっていたら、旦那さんも離婚を受け入れる状況になっているはずです。旦那さんが「離婚は嫌だ」と言っていること自体が、チサトさんの隠れた本音なのでしょう。**潜在意識では離婚を拒否している、本当は旦那さんのことを愛したい**のだと思います。

お酒を飲んで暴れる旦那さんを拒否するのではなく、「私自身が投げやりになっているんだな。私の思考を見せられているんだな」と一度自分自身を見つめ直してみてください。

また、旦那さんの「最低！」と思うところを素晴らしいと思うことに書き換えるワーク（61ページ参照）もやってみましょう。

たとえば、「すぐ怒る」ことが最低だと思うところだとします。そして、本当は

「素直」な旦那さんでいてほしいとします。心の中で、旦那さんの胸に「すぐ怒る」と書いた大きなシールが貼りつけてあるところをイメージします。その後、シールをビリッとはがして、「素直」と書いた大きなシールに貼り替えます。これを1日に何回でもやってみてください。

するとチサトさんの旦那さんに対するイメージが少しずつ変わっていきます。今までは、「すぐ怒る」というイメージしか創れなかったのに、素直な旦那さんが現実に創られるようになります。チサトさん自身も、旦那さんに対して構えることなく、「もっとこうしてほしいの」「ありがとう」と素直な気持ちが自然に出てくるようになると思いますよ。

Q

「好きな人が手に入らない」と信じ続けてしまった苦しい片思い

ある人に片思い中です。仲良くなろうとして、一生懸命に接点を持とうとしたり話しかけたりするのですが、相手には逃げられるばかりで、苦しい気持ちでいます。そもそも追いかけ続けることもやめたほうがいいのかもしれないと思っています。けれど、この「好き」という苦しい気持ちは、どう解消したらいいのでしょうか？（相談者・セイヤさん）

A 「苦しい」と思うのは、じつはその人に対して「結局、手に入らない」という強い思考があるからです。そして、手に入れたいはずなのに、「苦しい、苦しい、苦しい……」と、手に入らないという思いをガンガン強めていることになっています。

だから、「苦しい」という思いは受け止めてあげて良いのですが、「それって、絶対に手に入らないって信じていることになるよね。それは嫌だよね」と自分に言い聞かせてみてください。

そして、その**ネガティブな思考を膨らませることに集中するのではなく、新しい別の思考を増やすことに思いを傾けてください**。恋愛の感情とは少し方向を変えて、夢中になれることを見つけてエネルギーをそちらに注いでみるのです。

人が何かに夢中になっている姿は、楽しそうで輝いて見え、魅力的ですよね。人は誰だって、魅力がある人のところに近づきたいものです。「苦しい」と思っているセイヤさんよりも、楽しく魅力的なセイヤさんに見えたほうが良いに決まっています。

ただ、やっぱり夢中になれるものが見つからないと言う人もいますよね。**夢中になれるもの、好きなものが見つからないと言うのは、人生に絶望してあきらめてしまっている状態**です。

思考の勉強をして、自分の中の静かな怒りに気づいて、怒りをストップさせる日々を心掛けてみましょう。そうすると、少しずつ心が軽くなっていって、「こんなことをやってみたかったんだ」「これが好きだったんだ」と自然に思い浮かんでくると思います。

日光浴をしよう、カフェにお茶を飲みに行こう、サウナに行こう、温泉に行こう、ブログを書いてみよう、など小さなことで良いのです。「あ、これ楽しいな」と思えることが増えていけば、その気分で現実を変えていくことができるでしょう。

両親を見下していた思考が自立できない息子を創り出した？

Q

30歳の息子についての相談です。先日「顔色がちょっと悪いね」と言ったら、その翌日に「顔のことは言わないでくれ！」とすごく怒られ、暴力を受ける寸前という状態になりました。

息子は、中学生のときに不登校になって暴れることがありました。暴れているとき、夫が私をかばおうとして振り回した腕が息子のあごにあたり、その後、息子の顔は少しゆがみ、口がしっかり閉じない状態です。

卒業後は、家を出てアニメ関係の会社に就職したことがあります。しかし、仕事が忙し過ぎて体調が悪くなったこともあって、「家に帰ってきたほうがいいんじゃないの？」と私が助言し、今は家で仕事をしています。

今も息子は、人に顔を見られたり顔のことを言われたりするのが嫌なようで、外出したり人に会ったりすることはあまりありません。できれば、自立

――してほしいと思っています。（相談者・ヤエさん）

A 本来、子どものことは放っておくことが大原則です。ただ、今回の相談で見過ごせないのは、お母さんに対して息子さんが手を出していることです。

これは、**お母さんに対する息子さんの究極の甘え**と捉えてください。息子さんは、ヤエさんに対して「もっと僕のことを丁寧に扱え！」と威張っている状態です。そんな息子さんをずっと許してきたヤエさん自身がいるはずです。きっと、はれ物に触るように接してきたのではないでしょうか？

ここでヤエさんの思考を見ていくと、おそらくヤエさん自身が、ヤエさんのお父さんとお母さんに対して怒ってきた何かがあるのだと思います。

たとえば、「お父さんは仕事をしっかりしていて嫌いではなかった」と言う人でも、よくよく話を聞いてみると、「お酒を飲むと説教をしてくるのが嫌だった」と教えてくれることがあります。そんなお父さんの姿を見て「この酔っ払いおやじが！」と、潜在意識の中でバカにしてしまっていたというわけです。

子どもの頃の記憶なんてもう何十年も前のことで、記憶をすっかり美化してしまっていることもあります。けれど、**「お父さんやお母さんのことを見下していた自分がいるのかもしれない」**とぜひ見直してみてください。

また、ヤエさんは息子さんに自立してほしいと考えています。けれど、結局は「私がなんとかしてあげなくちゃ」「私が面倒を見てあげなくちゃ」という思いがあるのではないでしょうか？

そこで、ヤエさん自身が、何か夢中になれる仕事や趣味を見つけて、もっと外に出ていったほうが良いかもしれません。ヤエさんの心の中で、まずは自分が自立できることを探してみてください。

自分を守ってくれなくなった親に腹が立ってしまう隠れた思考

Q

高齢の母と暮らすことになり、母のために自宅をリフォームしました。しかし、母とは以前から確執があり、会話をしているとなぜかイラッとしたり、ものすごく腹が立ったりします。

母は足腰も弱くなって私の手助けが必要ですし、今となっては私が母を守っていかなければならないと思っています。私の提案を素直に受け入れてくれさえすれば物事はスムーズに進むのですが、なかなか耳を貸してくれません。

また、娘なら親を助けて当たり前と思っているのか、「ありがとう」もあまり言ってくれません。

自分がなぜ腹を立てるのかという点をもっと見直していけばいいのだと思うのですが、なかなかうまくいきません。(相談者・ユウコさん)

A どんな人も一番腹が立ちやすい相手が家族です。同じ出来事があっても、他人だったら見て見ぬふりをしたり許せたりできるのですが、家族となるとどうしてもカチンときてしまうものです。
それは他人よりも家族のほうが、自分の思考を大量に投影させているからです。

フォレスト出版　愛読者カード

ご購読ありがとうございます。今後の出版物の資料とさせていただきますので、下記の設問にお答えください。ご協力をお願い申し上げます。

●ご購入図書名　「　　　　　　　　　　」

●お買い上げ書店名「　　　　　　　　　　」書店

●お買い求めの動機は?

1. 著者が好きだから　　2. タイトルが気に入って
3. 装丁がよかったから　　4. 人にすすめられて
5. 新聞・雑誌の広告で(掲載誌誌名　　　　　　　　)
6. その他(　　　　　　　　)

●ご購読されている新聞・雑誌・Webサイトは?

(　　　　　　　　)

●よく利用するSNSは?(複数回答可)

☐Facebook　☐X(旧Twitter)　☐LINE　☐その他(　　　　)

●お読みになりたい著者、テーマ等を具体的にお聞かせください。

(　　　　　　　　)

●本書についてのご意見・ご感想をお聞かせください。

●ご意見・ご感想をWebサイト・広告等に掲載させていただいてもよろしいでしょうか?

☐YES　☐NO　☐匿名であればYES

郵便はがき

料金受取人払郵便

牛込局承認

6117

差出有効期限
令和8年7月
31日まで

162-8790

東京都新宿区揚場町2-18
白宝ビル7F

フォレスト出版株式会社
愛読者カード係

フリガナ お名前	年齢　　歳 性別（男・女）
ご住所　〒 ☎　（　　）　FAX　（　　）	
ご職業	役職
ご勤務先または学校名	
Eメールアドレス メールによる新刊案内をお送り致します。ご希望されない場合は空欄のままで結構です。	

フォレスト出版の情報はhttp://www.forestpub.co.jpまで!

つまり、自分の隠れた思考を濃く見せられているというわけですね。

そこで、ユウコさんのおっしゃるとおり、何にイラッときているのかを徹底的に考えてみることです。

もしかするとユウコさんは、高齢になったお母さんに守ってもらえなくなったことに腹を立てているのかもしれません。私たちは、何歳になっても、**「お父さんやお母さんは自分を絶対的に守ってくれる存在でいてほしい」**と心の中では思っています。これまで無条件で私たちを守ってくれた親ですからね。

けれど、親が年をとってそれができなくなってくることが、私たちはとてもつらくて受け入れられないのです。そうすると、私たちよりも先に天国に行ってしまうお母さんに対して、「お母さんは私を守ってくれる係だったでしょ！」「どうして私のことを置いていくの⁉」と、潜在意識の中で怒ってしまっているのだと思います。

大好きなお母さんだからこそ、怒ってしまう自分がいたんだということに気づくことができれば、きっとイライラは減っていくと思います。それと同時に、お母さんもだんだんとやわらかくなっていくと思いますよ。

子どもが言うことを聞かないと大人がそう決めつけているだけ

Q

２人の子どもを幼いときから保育園に預けて仕事をしてきました。そのため、平日は子どもと過ごす時間はほぼありませんでした。

息子が中学生、娘が小学３年生になった今、休職することになりました。休職したら、学校から帰ってきた娘と一緒に遊んだりおやつを作ったりしたいと考えています。

けれど、娘は気づくとずっとテレビを見ているんです。今まで家に帰ってもママはいなかったし、お兄ちゃんが中学生になってからは帰りが遅く、テレビを見て過ごすという生活が当たり前になってしまったようです。

娘に対して私はどのように接していけばいいのでしょうか？（相談者・ノゾミさん）

A 娘さんは「だってテレビしかないもん」って思ってしまっているのでしょうね。

私自身も、息子が小学2年生のときに離婚して2人の生活になりました。私が外で仕事をしている間、息子はゲームをよくやっていました。けれど、私は息子に口出しはしませんでした。むしろ、時間が取れるときには、一緒にゲームをしたり、ゲームセンターに連れて行ったりしました。

ゲームばかりやらせていたらキレる子どもになるんじゃないか、勉強をしなくなるんじゃないかなどと言う人もいますが、そんな心配ばかりしていたら、現実もそうなってしまいます。

大人の価値観では、ゲームをやらせたくないと思ってしまうかもしれませんが、本人にとっては夢中になれる魅力ある存在です。きっとそこから得るものもあるのでしょう。

私の息子を見ていると、息子なりに攻略方法を考えたり、仲間と情報交換をしたりして成長していく姿を感じ取ることができました。

一生ゲームをやり続けるわけではないだろうし、もしもやり続けるならプロフェッショナルになってくれれば良いという思いでいたのですが、あるときを境にまったくゲームをやらなくなりました。

私たち大人は、子どもがテレビやゲームに夢中になることを悪いことのように決めつけてしまっている面があります。けれど、とてもためになる番組やゲームもあるでしょうし、新しい発見ができることもあるでしょう。だから、あまり悪い想像ばかりを膨らませないほうが良いと思います。

娘さんに「どんなテレビを見ているの？」「どんなところが面白いの？」とテレビのことを聞いてみたり、「時間ができたからこんなことを一緒にやりたいんだけどどう？」と相談してみたりしても良いかもしれませんね。

私たちは、不安ベースで物事を見がちです。その**不安を見抜いていくことで、子どもとの向き合い方も変わる**かもしれません。

健康・身体の悩み

身体が鍛えられないのは「努力は報われない」という思考のせい

Q

　僕は小学校から高校までスポーツを続けてきました。でも、どうしても腕と肩に筋肉がつかなくて、懸垂《けんすい》や腕立て伏せが全然できませんでした。とくに高校時代はラグビーをやっていたので、上半身に筋肉がつかないことは致命的でした。

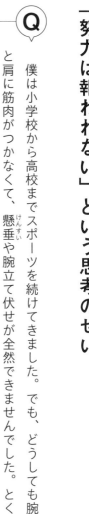

　その一方で、太ももあたりを中心にした下半身の筋肉はしっかりつきます。どうして腕や肩だけ筋肉がつかないのでしょうか？（相談者・ナカガワさん）

A

　私たちは、**何かの信念のもと、身体も含めて何もかもを創っています。**自分に必要な筋肉が育たないということは、**「自分の苦労は報われない」**という信念があったのかもしれません。

その思考に気づく一つの手掛かりとして、子どもの頃に好きだったおとぎ話や童話を思い出してみてください。そのストーリーと自分の人生のベースが同じになっていることがよくあります。

私の場合は、『人魚姫』が大好きでした。


海で溺《おぼ》れていて助けてくれた人間の王子様に恋をした人魚姫は、あるとき人間と同じ足を与えられました。しかし、それと引き換えに言葉を失ってしまうのです。王子様と再会するのですが、自分が人魚姫だということを伝えることはできません。そのうちに、王子様は別の王女を自分を助けてくれた人だと勘違いして結婚。人魚姫は、つらい思いを誰にも伝えられません。魔法のナイフで王子様を刺せば人魚に戻れるという選択肢も与えられるのですが、それをすることもできず、最後は海に身を投げて泡になったという悲しくて報われないお話です。

『人魚姫』が好きだった私は、この「報われない」という思考の傾向がありました。

かわいそうな『人魚姫』のパターンを知らないうちに自分の思考のベースにしていたのですね。

『シンデレラ』が好きな人は、すぐに意地悪役の誰かを創って、「かわいそうな私をいつか王子様みたいな人が助けてくれるわ」という思考の設定を生み出しているのかもしれません。

『桃太郎』が好きな人は、誰かを従えて、「悪者をやっつけてやる！」という正義感が変に強い自分を創っているかもしれません。

ナカガワさんも、子どもの頃に好きだったお話を思い出して、自分の思考のパターンを探ってみると、その原因にたどり着くと思います。

目の不調には「目をそむけたいもの」や「怒りのパワー」が込められている

Q 母や母の親戚はみんな目が悪く、私も幼稚園に入園する前からビン底メガネをかけていました。

思考の仕組みから考えると、目が悪い母も親戚も、自分が創り出したということになるのだと思います。しかし、そこにどういう思考が隠れているのかよくわかりません。（相談者・ハナコさん）

A 「目が悪い」＝「見えない、見えづらい」ということですよね。ハナコさんの中に「見たくない」という強い思いがあるのだと思います。小さい頃のことを思い出して、「目をそむけたい」「向き合いたくない」と思っているものを探してみてください。

また、もう一つのアプローチ方法として、身体と感情はつながっている（P73参照）と考えることです。じつは、**目は肝臓とつながっており、肝臓は怒りの感情とつながっている**と言われています。

怒っていたり恨んでいたりする自分はあまり認めたくはありませんよね。怒りは嫌われる、悪いものだと思っているからです。けれど、怒りはすさまじいパワーを持っているので、怒りを良くないものとして抑えつけていると、そのパワーがいつか爆発します。

それを抑え込んできた結果、自分自身が爆発するかもしれないし、まわりで事件が起こるかもしれません。

そのため、爆発する前に**「自分の中にこんな怒りがあるんだな」とちゃんと向き合って理解してあげる**ことが大切です。すると、そのパワーをほかの有効なものに活用し直すことができるようになります。

ハナコさんの中にある「見たくない」という思いや怒りの感情を見直していくことで、自分を癒してあげることができれば、何か変化が起こってくるかもしれません。

他人の不調からわかった見たくない問題に向き合う

Q

義妹が網膜剥離《もうまくはくり》になって手術をしました。義妹の思考に何か隠れているのではないかと思い、本人に聞いてみたところ、お母さんとうまくいっていないことを打ち明けてくれました。

これには、私のどんな思考が関係しているのでしょうか？（相談者・ヒトミさん）

A まず前提として、すべてのことは100％自分の思考と考えれば良いので、義妹さんに何かを説明する必要はありません。

義妹さんの目に問題があるということは、ヒトミさん自身に「見たくない」という思いが隠れていると考えられますね。「この問題には向き合いたくない」「このことは見ていきたくない」と思っていることはありませんか？　このことにきちんと気づいて向き合っていけば、義妹さんにも良い変化が起きると思います。

注意してもらいたいのは、「見たくない」ものと向き合っていくときに落ち込んでしまうことです。「ああ、私が悪いんだ」と落ち込む人がいるのですが、私たちは犯人探しのために思考の勉強をしているわけではありません。

これまで、私たちは思考が現実化することをよくわかっていなくて、思考を野放しにしていただけです。だから、思考がやりたい放題やってしまって、とんでもないことが起きているのです。

「自分にはこんな思いがあったんだね」「思考の仕組みを知らなかったからしょうがない。やっとわかって良かったね」と潜在意識に話しかけてあげてください。そして、いろいろな思考を元気な思考に取り換えてあげましょう。

遺伝のせいで不調が起きている？攻撃思考を見直してみよう

Q

偏頭痛に悩まされています。薬が手放せない状態で、１カ月に何回かはダウンしてしまいます。

母が偏頭痛持ちだったので遺伝なのかなとあきらめていましたが、もしかすると思考が関係しているのでしょうか？（相談者・ウエダさん）

A 遺伝による「頭痛持ち」と言いますが、**なんでも遺伝のせいにするのは、自分を「被害者」にしていることになります。**「お母さんがこうだったから、私もこうなっちゃったじゃないか」と、誰かのせいにしているというわけです。つまり、それは**「攻撃思考」**とも言えますね。

また、自分の思考の現実化は、過去にも未来にも当てはめることができます。そう考えると、「ご先祖様が頭痛持ちだったんだよね」というのは、自分の中に頭痛を起こすもとになっている思考がかなり根深くあるという情報だと見ることができます。

解決が難しい問題が起きたときにも、私たちは「頭が痛いわ」と慣用句としても使いますね。自分だけでなくお母さんも頭痛持ちだったというウエダさんは、「まわりが問題だらけ」と強く思ってきたということでしょう。

「世の中がコワイところ」「世界は私にとってやさしくないところ」というイメージを知らないうちに持っていたのだなと気づくことから始めてみてください。

自分の思考が変われば、お母さんの頭痛も良くなるかもしれません。あるいは「ご先祖様が頭痛持ちだった」という情報ではなく、もっと良い別の情報が入ってくるようになるかもしれません。

もう一つ、頭痛は緊張型の人によく起こるため、**何かに緊張していることを自覚してみても良い**と思います。

やはり、潜在意識の中で「まわりが私に厳しい目を向けてくる」「無理難題ばかり起こる」など、世界は私に緊張を強いる場所というイメージになっているのかもしれません。

世の中はコワイところだという思いが、自分を身構えさせ、緊張させてしまうのです。すると、身体も頭も固くなり、血流が悪くなって頭痛が起きてしまいます。

「身構えなくても大丈夫だよ」「世界は安全だよ」と、子どもの頃のウエダさんに話しかけるようにつぶやいて、ぜひ気持ちを和ませてあげてみてください。

まわりの人に「鈍感」を担当させて「繊細」な自分は威張っているだけ

Q

他人がいる場所では全然リラックスできません。たとえば、友人とサウナに行ったとき、友人は休憩所でゴロンと横になって寝てしまうのですが、僕はそういうことができないんです。

音にも敏感で、警戒心が強く、性格も繊細なほうだと思います。また、アレルギーも持っています。

どこでもリラックスできる人がすごくうらやましいな、しあわせそうだなと思うのですが、思考を見直すことで改善できるものでしょうか？（相談者・カツヤさん）

A

とくに繊細な人は、まわりの人たちのことが鈍感に見えているでしょう。もっと大袈裟に言えば、「デリカシーがない横柄な人たち」と見ていますよね。だから、

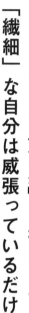

心の中では「みんなもっとまわりに気を使えよ！」「こっちは繊細で敏感なんだから、もっと優しくしろ！」って怒っているのかも、と一度考えてみていただきたいです。

　アレルギーを持っていることも同様です。アレルギーがあるということは、まわりの人や環境となかなか合わないということです。だから、アレルギーを発症して、「もっと僕に合わせてよ！」と、威張って怒っている子どもも心が隠れているのかもしれません。

　あるいは、自分と合わない人や環境を〝敵〟と見なして、いつもまわりを否定するような状態になっているのかもしれません。

　けれど、カツヤさんのまわりの鈍感な人も、カツヤさんの思考から創っていることになりますよね。つまり、本当はカツヤさんの中にも鈍感さがあるはずです。じつは、**自分が「敏感」を担当して、まわりの人に「鈍感」を演じさせている**のかも、と捉えてみてください。

　そこで、**「まわりの人たちの繊細さにも気づいていこう」**と決めてみてください。すると、まわりの人たちを見て、「あれ？　自分が思っていたよりもみんな繊細だな」と思うようなことが増えていきます。

要は、カツヤさんの思考の中の敏感と鈍感の分量の問題です。心の中で怒っている自分、まわりを敵にしている自分に気づき、「敏感を手放していこう、減らしていこう」と決めると、もっと楽になると思います。

じんましんができるのは心の中で不満を「ブツブツ」言っているから

Q

「ジョギングをしたり適度な運動をして筋肉をつけることが思考の現実化を早める」とうかがったので走り始めました。というのも、自分は温熱じんましんに悩んでいて、思考と関係があるのではないかと考えたからです。

けれど、ジョギングしていると、じんましんのかゆみが増してつらくなってきたので、ウォーキングに変えました。走っていたときよりはかゆみは治まっている感じはしますが、私はじんましんを治すために、自分のどんなと

――ころを見直せばいいのでしょうか？（相談者・サトミさん）

A じんましんのことを「ブツブツができる」と言いますよね。ブツブツ言う、つまり、心の不満を皮膚で表現しているのがじんましんかも、と一度考えてみてほしいと思います。

サトミさんは思考の勉強を始めて、自分の中に封印してきたいろいろなネガティブさをだんだんと解放している最中ですよね。

これまで何十年もネガティブな思考を溜め込んできています。もう少し、自分のネガティブさの発見を続けて、「よしよし、わかったよ。私ってそんなふうに思っていたんだね」「イラッとくるのをもうやめようね」「人の悪口はもう言いたくないよね」「そんな不満があったんだね」など、自分の心に話しかけてあげてください。

ポイントは、**自分のネガティブな思いをジャッジせず、自分に優しい気持ちでただ認めてあげたうえで、「どうしたいか？」と自分に問いかける**ということです。

すると、思考がだんだんとシンプルになっていき、気づいたときには自分の中に不満やイライラがなくなっているでしょう。

そして、たとえば、良いお医者さんに出会う、自然に免疫力が上がる、今まで出会ったことがない体質改善の方法を知る、「これだ！」と思う食材に出会う、などといったかたちで、じんましんは良くなっていくと思います。

仕事の悩み

遅刻グセが直らないのは目立ちたがりの証拠

Q

遅刻魔です。小学生の頃から、朝きちんと起きられず、学校にギリギリで行っていました。大人になってからも、始業の1～2分前に会社にすべり込むという状況です。もちろん、友達との待ち合わせにも遅刻します。

悪いとは思っているのですが、どうしても直らず、遅刻する夢をみることもあります。

遅刻グセはどういう思考からきているのでしょうか？　ちなみに、花の瞑想（Ｐ21参照）をやってみると、「誇らしく咲きなさい」というメッセージが出てきました。（相談者・ワクイさん）

A 遅刻すると目立ってしまいますよね。つまり、思考の面から見ると、「目立ちたがり屋さん」ということになります。

「目立ちたいなんて、そんなこと思っていない！」と思ったとしても、それは顕在意識でのことです。潜在意識では、やっぱり目立ちたいと思っているのかもしれません。

ワクイさんが花の瞑想で受け取ったメッセージは、「誇らしい〝目立ち方〟をしよう」ということです。

「私って目立ちたかったんだね」「どんなことをすれば誇らしい目立ち方ができるかな」と自分の潜在意識とぜひ相談してみてください。すると、遅刻ではなく、別のかたちで目立ち、誇れる自分になれます。

愛を感じられないとミスを連発するおそれあり

Q

仕事でよくミスをしてしまいます。しかも1日に1回は必ず何かしらのミスをしているのではないかというくらいの頻度の多さです。

具体的には、メールの大事な部分を読み飛ばす、日付の書き間違い、時間の間違いなどです。最終的に上司が取引先に謝らなければならないといった事態にまで発展することもあります。

自分がしっかり確認さえすれば防げることにもかかわらず、どうしてもできません。「自分を見てほしい」「失敗しても許してほしい」といった思考が隠れているのでしょうか？（相談者・マミさん）

A

「私をかまってよ」という思考が隠れていそうですね。日付や時間の間違いは、チェックすれば良いだけの話で、それほど難しいことではありません。「言われたとおりに従いたくない！」などの隠れた反抗心が無意識の中にあるのかもしれません。

また、上司に対して「どんなことをやったら怒られるのか」「どこまでだったら許してくれるのか」と、試している場合も考えられそうです。

じつは、これらは**「親の愛を確かめたい」**という思考からきています。だから、自分の中の〝ちびマミちゃん〟にこんなふうに話しかけてみてください。

「『これだけのことをしても、お母さんやお父さんは私を愛してくれるの？』って試したくてたまらないんだよね。そうしないと、自分の価値をはかれないんだよね。自分が愛されているか不安だから、試さずにはいられないんだよね。でも、お母さんもお父さんも、いつもマミちゃんのことを無償の愛で育ててきてくれているんだよ。だから、試す必要なんてないんだよ。わざわざミスをしてヒヤヒヤしながら人を試すよりも、そのエネルギーを自分が本当にやりたいことに使おうよ。もっと安心していいんだよ」

こんなふうに話しかけたときの、ちびマミちゃんの表情の変化も感じてみましょう。毎日話しかけて、ニッコリ笑うちびマミちゃんが思い浮かぶようになったら、話しかけたことが潜在意識にしっかり届いたというサインです。

Q 忙しすぎるのは「部下が頼りない」と決めつけているせい

労働時間がとにかく長くて悩んでいます。サービス業で管理者、仕事自体はとても楽しくやっています。けれど、夢中になって仕事をしていると、ハッと気がついたときには毎日終電です。

こんな生活を定年まで続けたいのかと言うと、やっぱり辞めたい気持ちが強くあります。でも、職場に行くと同じことを繰り返してしまいます。

2人で暮らしている高校生の娘に対しても愛情不足だなと思っています。

娘が病気で学校を1週間ほど休んだとき、「仕事から早く帰ってごはんを作ってあげよう」と思って出勤したのに、職場に着くとそのことをすっかり忘れてしまうんです。

私は自分がいったい何をやりたいのかわからなくなってきました。（相談者・イイダさん）

A 顕在意識では、「仕事にやりがいがある」「仕事が楽しい」「私がやらないと仕事が片づかない」「子どものために仕事量を減らしたい」「仕事を減らすと給料も少なくなるから、やっぱり無理」など、いろいろ考えていると思います。

そのさまざまな顕在意識は置いておいて、まずは自分の理想を考えてみてください。

たとえば、「定時で仕事は終えられるけど、お給料は変わらない」「部下がしっかり仕事をして、自分は責任がある仕事だけに集中できる」など、理想をバッチリ決めるのです。

そして、「そうなるにはどうすればいいの？」と自分に話しかけてみてください。

イイダさんの場合、「助けてもらう」「頼る」「甘える」ことを心して頑張ってみる必要がありそうです。「こんなの私がやったほうが早い」「部下にはまだ難しい」などではなくて、**人に頼れることは頼る、甘えられるなら甘える**のです。

もしかすると、部下を「頼りない」「役に立たない」と思ってしまっているのかもしれません。けれど、頼りない部下にしているのは、思考の仕組みから考えるとイイダさん自身です。これからは、「頼りがいのある部下」「助けてくれる部下」にイメージを変えていきましょう。

とくに女性は、「依存し過ぎてうまくいかなくなる人」と「自立し過ぎてうまくいかなくなる人」の2種類があります。

イイダさんの場合は、間違いなく自立し過ぎです。「自分がなんとかしなくちゃ」「自分がやるんだ!」と頑張り過ぎているのですね。そのままでは、そのうち身体を壊して強制的に仕事を辞めざるを得ない、強制的に誰かに助けてもらわざるを得ないという状況を創り出すことになります。そうなる前に、自分で変えていくほうがスムーズであることは言うまでもありません。

徹底的に甘える、頼る、助けてもらう。そんな〝かわいい私〟になることを目標にしてみてください。

異性を見下す思考は男女間のトラブルを創り出す

Q

会社では、いろいろな部署から相談を受ける立場にあります。思考の勉強を始めてから、男女間のもつれやセクシャルハラスメントなどの相談事案が増えてきました。

私には離婚経験があるため、自分の女性性を自分自身で否定しているのかなと考え、別れた夫に対して思考を見直すことにしました。その結果、夫に対しては「ごめんね」と思う部分も出てきました。

それでもこういった相談が増えていくというのは、ほかにどのような思考が考えられるのでしょうか？　父や母に対しても思考を見直してみるといいのでしょうか？

ちなみに父に対しては、子どもの頃に父と同じ職業に就きたいと思っていたほど尊敬しています。母は父よりも人間的に優れていて尊敬しています。ただ、父よりも母に対して嫌いな部分がたくさん見つかってしまいます。

（相談者・ミキさん）

A やはり、ミキさん自身に「女性として大切にされたい」というような思考があるのだと考えられます。

また、自分が女性として大切にされなかったという、たとえば**離婚のような出来事を現実で体験している人は、じつは自分の中に異性を見下す思考が隠れている可能性があります**。

ということは、かつてのミキさんが、男性を見下してきたのかもしれないですね。そういう思考を見直していけば、男女間の相談も減っていくと思います。

ちなみに、「夫を見下すことをやめるぞ」と決めると、男性を見下している人が現実で見えてくることもよくあります。そうやってだんだんミキさんの現実から好ましくない出来事が遠のいていくでしょう。

また、お父さんに対して本当に尊敬の思いしかなかったとしたら、旦那さんを見下す思考は創られにくいはずです。

もしかすると、お父さんのことが大好き過ぎて、「お母さんは、お父さんほど私に何もしてくれないでしょ」と、お母さんに怒っている可能性があります。

実際たいがいのご家庭では、お母さんのほうに日常の世話をしてもらう時間が多いため、あれこれ注意を受ける場面が多く、「お父さんのほうが優しくて好き！」となる子も多いのです。

そして、優しいお父さん＝私の言うことを聞いてくれる人、というイメージになり、ちょっとお父さんをなめてしまっているところがある可能性も考えられます。そういう思いが積み重なって、じつはお父さんを尊敬していなかったのかもしれません。

あるいは〝後付け〟で両親を尊敬していることもあるでしょう。成長する過程で「両親は尊敬するもの」と学んだのかもしれません。「両親を尊敬しています」と言わなければならない場面があったのかもしれません。

引き続き、お父さんやお母さん、元旦那さん、あるいは男性を下に見てきた自分に気づいてはやめる、気づいてはやめるということに取り組んでいけば、まわりにも変化が起きてくると思います。

Q 切れない縁だと思っていても思考一つで案外スパッと切れる

店舗運営をしている会社に勤務しています。年下の同僚とお店を盛り上げようと切磋琢磨《せっさたくま》してきました。それなのに、なぜかもやもや、イライラすることが増えてきました。

彼女に対してイライラするということは、過去、私自身が誰かを見下すようなことをしてきたのだろうと思って、書き出してみました。何人か書き出すことができたので、その人たちに心の中で謝ることを繰り返してきました。

しかし、先日、その彼女から「会社を辞めることにした」と言われました。

「思考を見直して、昔のようにまた一緒に仕事をしていけるようになるんじゃなくて、辞めてしまうんだ……」と、少し混乱しています。彼女が辞めることで仕事も大変になるかもしれません。どうしたらいいのでしょうか？

（相談者・サクラさん）

A サクラさんは、思考使いの上級者になっているようです。見下す思考は、「なんでこの人、こんなにひどいの？」と、自分を被害者にしています。しかし、彼女を見て、サクラさん自身の見下す思考に気づいたということは、サクラさんは被害者をやめたということです。

つまり、これまで溜めてきた見下しの思考はもう増えていきません。むしろ、遠のいていきます。だから、サクラさんのことを見下していた彼女が、今、自然に遠のいてくれているということです。あるいは、彼女が「今までごめんね」と謝ってくれて、とても良い人に変わることもあります。

彼女が会社を辞めることで、仕事が大変になるかもしれないということですが、きっととても良い人が新しく入ってくると思います。

「見下しのクセは良くない」と気づいたわけですから、次は**「まわりの人の素晴らしいところを見ていこう」**と決めれば、これからはサクラさんを応援してくれたり、サクラさんの良さをもっと活かしてくれたりする人が、まわりに当たり前のように現れてくると思います。

Q

人のせいにしない思考で本当の力が出せるようになる

結婚して30年あまりが経ち、ふと「これまで何に対しても本当の力を出し切ってこなかったな」と振り返っています。子育ても仕事も、そのときどきはそれなりに一生懸命やってきたつもりではいるのですが、「自分がやりたくてやった」のではなく、「きちんとやらないといけないから、やってきた」という感じがします。

これからは、個人事業主として取り組んでいる仕事に関して、自立できるくらい稼いでいきたいという思いを強く持っています。けれど、「力を出し切る」という部分に何かもやもやとしたものを感じます。なぜもやもやしているのか、どんな思考があるのか教えてください。（相談者・チエさん）

A 力を出し切れない自分がいる、つまり、「力を出したら困っちゃう」という思考があるのかもしれません。

チエさんが本当に力を出し切って仕事をすることで起こるデメリット、大成功したら逆に困ってしまうと思うことを書き出してみてください。

たとえば、「自分の自由な時間がなくなる」「家事と仕事を両立するのが大変」「夫よりも稼ぎたくない」「夫にしっかり稼いでもらいたい」「じつはそんなに仕事をしたくない」「ダラダラしたい」など、もしかすると、今のチエさんの顕在意識の思いとは矛盾した気持ちかもしれません。

何でもきちんとできるしっかり者のチエさんだとは思いますが、心の中にあるグダグダをわかってあげる必要がありそうです。

もしかすると、「夫の給料だけでは満足していないから、私が働かなくちゃいけない」「両親の面倒を見なくちゃいけないから仕事をしなくてはいけない」など、**潜在意識では「○○のせいで」なんて思っているのかもしれません。**

そういった思いを全部理解してあげて、「夫のせいにするなんて嫌だよね。そろそろ自分の力を試してみて、力を出し切ってみる気持ち良さを体験してみたいよね」と、幼稚園児くらいのチエさんをイメージして優しく、やる気が湧いてくるように話しかけてみましょう。

グダグダを認めてあげれば、仕事も生活もうまくいくようになると思います。

おわりに

私が校長を務める「思考の学校」では、受講していただいた多くの方々がたくさんの豊かさを受け取っています。

受講生のみなさんは、「思考の学校」にたどり着くまでに、心の中にもやもやや悩みをそれぞれに持っていました。

私自身も、思考の仕組みを学ぶまでは、パートナーシップや両親のことなどについて悩みを抱え、とてもつらく苦しい思いをしていました。離婚してしまった後は、子どもと2人、お金もけっこうギリギリの生活をしていたんです。

けれど、思考の仕組みを学んでから、「自分の中にどんな思いがあるのかな」「自分はどんなふうになっていきたいのかな」と、いつも自分と対話をして自分を点検し、自分を癒してきました。

そして、あの頃願っていたことがスルスルと手に入る人生を、今まさに実現することができています。

過去の私のように、つらい、苦しい、悲しい思いで、この本を読んでくださった方もたくさんいるでしょう。

思考の仕組みを学べば、少しずつ、少しずつ、変化が訪れてくると思います。なかなか変化しないと焦る必要はまったくありません。私たちは何かものすごい成果を出そうとしているわけではなく、安心して過ごせる世界を手に入れようとしているだけなのですから。

自分の一番の味方は自分——。

自分のことを傷つけないで、ぜひ自分で自分を癒してあげて、思考を現実化していってください。

宮増侑嬉

2024年6月吉日

【著者プロフィール】
宮増侑嬉（みやます・ゆき）
一般社団法人 思考の学校 校長
30歳の時に息子を授かったが、夫の仕事が忙しくワンオペ育児によって産後鬱状態になる。出産前に自宅でしていたアロマサロンを再開したものの業務に追われ夫との関係が悪化し、離婚。人生が八方塞がりとなる。その後、「思考が現実化」する仕組みを学び、実践した結果、スルスルと現実が良い方向へ。「思考が現実化」する仕組みを多くの人に知ってもらいたいと考え、一般社団法人思考の学校を起ち上げる。10年以上ものカウンセリング経験に基づいた分かりやすい解説が好評を得て、現在はカウンセリングと認定講師養成講座の開催をメインに活動している。思考の学校の受講生は1万人を超える。大石洋子名義の著書に、『宇宙一ワクワクするお金の授業』（すばる舎）、『7日間でなりたい私になれるワーク』（あさ出版）、『気づくだけで人生が好転する思考のレッスン』（ビジネス社）のほか、櫻庭露樹氏との共著『超開運法 神さまに応援される人になる』（ビジネス社）がある。

すべて潜在意識のせいでした

2024年 6月 6日　初版発行
2024年12月13日　6刷発行

著　者　宮増侑嬉
発行者　太田　宏
発行所　フォレスト出版株式会社
〒162-0824 東京都新宿区揚場町2-18 白宝ビル7F
電話　03-5229-5750（営業）
　　　03-5229-5757（編集）
URL　http://www.forestpub.co.jp

印刷・製本　中央精版印刷株式会社

ISBN978-4-86680-277-0　Printed in Japan

『すべて潜在意識のせいでした』

特別無料プレゼント

pdfファイル&音声ファイル

＼さらに思考を現実化させる
ヒントになる！／

受講生のお悩みQ&A
&
誘導瞑想ナビゲート音声

紙面の都合上、本書（第５章）で掲載できなかった未公開 Q&A を読者限定でプレゼントいたします。自分の悩みに近いエピソードを見つけてぜひ参考にしてみてください。さらに、本書でご紹介したいくつかの誘導瞑想について、著者の宮増侑嬉さんが実際に音声でナビゲートをしてくれるデータもご用意いたしました。ぜひダウンロードして、本書とともにご活用ください。

無料プレゼントはこちらからダウンロードしてください

https://frstp.jp/senzai

※特別プレゼントは Webで公開するものであり、小冊子・DVD などをお送りするものではありません。
※上記無料プレゼントのご提供は予告なく終了となる場合がございます。あらかじめご了承ください。